마원, 역발상의 지혜

마윈, 역발상의 지혜

초판 1쇄 발행 | 2016년 6월 30일

공저자 | 콰이따오훙치, 펑위린
번 역 | 김신디
펴낸곳 | 도서출판 린
편 집 | 박은주
교 정 | 손지숙
마케팅 | 이근섭, 오중환
관 리 | 김소영
주 소 | 경기도 고양시 일산동구 장항동 776-1번지 로데오 메탈릭타워 405호
전 화 | (02) 305-0210 / 306-0210 / 336-0204
팩 스 | (031) 905-0221
전자우편 | dga1023@hamnail.net
홈페이지 | www.bookdaega.com

ISBN   979-11-87265-04-7 04300
        979-11-87265-03-0 (세트)

〈사진 출처〉
연합뉴스, Wikimedia Commons(World Economic Forum, Alibaba Group, China Telecom, Rico Shen,
Thomas LOMBARD, Photograph, Steve Jurvetson)

마윈, 역발상의 지혜

MA YUN'S
UNORTHODOX INNOVATION

차 례

1

발상의 전환

　마윈(馬雲)의 성공은 대부분의 IT 기업 리더들과 다르다. 마윈은 인터넷에 대해 잘 모를 뿐만 아니라 경영학을 배운 적도 없으며 세상의 일반적인 순리대로 움직이지도 않는다. 또한 알리바바의 시스템은 야후, 아마존, 이베이(eBay)와 전혀 다른 시스템으로 중국의 대부분 IT 기업들이 미국의 시스템을 벤치마킹하는 것과 다르다. 즉, 마윈의 성공은 그만의 남다른 생각과 지혜, 상식을 뒤집는 사고방식에서 비롯된다.

　'발상의 전환'이란 무엇인가?

　'발상의 전환'은 생각을 반대로 하는 것을 의미한다. 즉, 어떤 현상이나 사물을 정상적이고 논리적인 방향으로 생각하는 것이 아니라 뒤집어 생각해 보는 것이다. 뒤집어 생각하다 보면 생각의 폭이 넓어지고 문제의 본질을 좀 더 똑똑히 들여다볼 수 있다. 때로는 조건의 변화에 따라 가능한 것과 불가능한 것이 서로 전환된다.

어느 날, 마윈은 일본에서 열리는 국제회의에 참석하게 되었다. 그때 어느 일본인 친구가 마윈에게 불만을 털어놓았다.

"중국에 가면 일본의 블로그조차 로그인을 할 수가 없어요. 정부에 의한 인터넷 규제가 이렇게 심한데 도대체 어떻게 전자 상거래를 할 수 있단 말입니까?"

그러자 마윈이 다음과 같이 대답했다.

"단 5퍼센트의 인터넷 사이트가 열리지 않는다고 해서 그 5퍼센트에 매달리면 안 됩니다. 왜 나머지 95퍼센트의 시장을 개척하려는 생각은 못하나요? 간단한 이치예요. 우리가 그 열리지 않는 5퍼센트 때문에 불만을 품고 점점 소극적으로 되어 간다면 아무 일도 못할 겁니다."

그리고 잠시 뒤 이렇게 덧붙였다.

마윈, 역발상의 지혜

"예를 들어 우리는 학창 시절에 선생님이나 친구들과 사이가 안 좋을 때도 있었습니다. 가끔 오해를 받은 적도 있었지요. 하지만 대부분의 시간 동안 우리는 그들과 잘 지냈습니다. 그러니 사소한 일로 모든 관계를 망가뜨릴 필요는 없지 않을까요? 관점에 따라 우리의 마음가짐은 달라집니다. 모든 사물은 뒤집어 보면 새로운 모습을 보여 줍니다."

사례 1 ● 귀차니즘이 역사를 바꾼다

'귀차니즘이 역사를 바꾼다.' 이것이 마원의 생각이다. 그는 '귀차니즘'을 진보의 동력이라고 말한다. 사람들은 계단을 오르기 귀찮아서 엘리베이터를 발명했고, 부채질하기 귀찮아서 선풍기를 만들었다. 빨래하기 귀찮아서 세탁기를 발명했으며, 글을 쓰는 시간을 낭비하기 싫어서 편지를 휴대 전화로 바꾸었다. 또 허리를 굽히는 것이 귀찮아서 수확기와 이앙기를 발명했다.

이 모든 예를 살펴보면 게으른 사람들이 과학기술의 발전을 추진했고, '귀차니즘'이 세상을 바꾸었다고 해도 과언이 아니다. 인류사회의 발전은 사실 인류가 끊임없이 게으름을 피우는 과정에서 비롯된다.

마윈은 그 대표적인 경우라고 할 수 있다. 그는 어릴 적부터 천재였던 것은 아니다. 학창 시절 성적이 별로 좋지 않았던 마윈은 이렇게 말했다.

"나는 똑똑해 보일지 몰라도 사실 머리가 별로 좋지 않아요. 머리가 이렇게 작은데 어떻게 아이큐가 높겠습니까? 한 번에 한 가지 문제만 생각할 수 있지요. 한꺼번에 여러 가지를 물어보면 감당이 안 됩니다."

마윈은 고등학교를 마치고 대학 입시에 떨어지자 삼륜차를 끌기 시작했다. 그러던 어느 날, 그는 저장성의 진화역 근처에서 책 한 권을 주웠다. 중국의 유명 작가 루야오(路遙)의 ≪인생≫이라는 책이었다.

마윈은 이 책에서 "시련을 겪지 않고 무지개를 보려 하는가?"라는 문장을 읽었다. 그때야 비로소 마윈은 자기 자신을 되돌아보게 되었다. 그는 대학에 가야겠다고 결심했다. 그동안 별 생각 없이 살아왔던 한 사람의 인생이 완전히 바뀐 것이다.

마윈은 초등학교에서 중학교에 입학할 때 삼수를 했다. 선생

● 마윈의 인생을 바꾼 루야오의 ≪인생≫

루야오(1949~1992)는 '중국 당대문학 60년'에 작품이 수록된 5대 작가의 한 사람이다. 그는 1970년대에서 19880년대로 넘어가는 시기를 주무대로 개혁개방의 소용돌이 속에서 도시와 농촌의 충돌, 혼란과 고통을 표현한 작가이다. 마윈의 인생을 바꾼 ≪인생≫과 ≪평범한 세계≫가 주요 작품이다.

님도 부모님도 그 누구도 마윈의 앞날에 대해 희망을 품지 않았다. 마윈은 첫 번째 대학 입시 시험의 수학 과목에서 0점 받았다. 그는 삼수를 한 끝에 겨우 항저우 사범대학에 입학했다.

마윈은 대학에 입학해서야 비로소 운이 열리기 시작했다. 그는 대학을 졸업한 후 영어 교사가 되었는데, 항저우에서 영어를 가장 잘하는 교사로 꼽힐 정도로 뛰어났다. 하지만 마윈은 인터넷 사업에 대한 열정으로 학교에 사직서를 냈다. 교직 대신 사업가를 선택한 것이다. 그렇다고 해서 사업가의 길이 그리 순탄했던 것은 아니었다. 마윈은 두 번의 사업 실패를 거쳐 1999년 2월 알리바바를 창업했다. 그 뒤의 이야기는 세상 사람들에게 이미 잘 알려진 바와 같다.

오늘날 대중들이 바라보는 마윈은 신화적인 인물이다. 하지만 마윈의 인생을 자세히 들여다보면 그가 특별한 인물이 될 수밖에 없었던 '비밀'들을 발견할 수 있다.

● 마윈의 알리바바

알리바바의 역사는 1999년으로부터 시작된다. 영어 강사 출신의 마윈은 중국 내의 제조업체와 중국 밖의 구매자를 위한 '알리바바닷컴'이라는 사이트를 개설했다. 18명의 직원으로 출발한 알리바바닷컴은 현재 약 2만5천 명의 직원들이 일하는 알리바바 그룹으로 크게 발전했다.

마윈, 역발상의 지혜

2008년 9월, 중국의 톈진에서 열린 세계경제포럼에 참석한 마윈
▷출처: Wikimedia Commons

　　마윈은 1964년 항저우에서 태어났다. 그의 어머니는 의류공장에서 일했고, 아버지는 사진관을 운영하다가 현지의 작은 연극단에서 사회를 보는 일을 했다. 그래서 마윈의 주변에는 연극을 하는 사람들이 많았고, 이런 환경 속에서 자란 그는 어릴 적

부터 그 누구보다 표현력이 강했다.

마윈의 주특기는 영어였다. 중학교 때부터 마윈은 매일 자전거를 타고 시후(西湖) 주변의 샹그릴라 호텔에 갔다. 그곳에서 외국인 관광객들을 만나 무료로 가이드를 해주며 영어를 익혔다.

어느 날, 마윈은 오스트레일리아에서 온 관광객을 만나 친절하게 안내해 주었다. 마윈의 친절한 안내에 감동을 받은 그 관광객은 훗날 마윈을 오스트레일리아로 초대했다. 마윈은 한 달 동안 오스트레일리아를 여행하게 되었다. 그때 처음으로 바깥세상을 접하게 된 마윈은 세상이 그가 생각했던 것과 많이 다르다는 것을 깨달았고, 독립적으로 생각하는 법을 배우게 되었다.

사례 2 ● 마윈, 인터넷이라는 강을 건너다

항저우 사범대학에 입학한 마윈은 뛰어난 영어 실력으로 물 만난 물고기와 같았다. 또한 워낙 외향적인 성격이었던 그는 다양한 봉사활동에 적극적으로 참여했다. 교내 학생회장, 항저우시 학생연합회 회장까지 맡게 되었다. 1988년에 대학을 졸업한 그는 항저우 전자공학원에 배치되어 영어를 가르치게 되었다.

그해 월급으로 89위안을 받았다.

그 후 마윈은 항저우시 우수 청년교사로 꼽혔고 항저우의 번역계에서는 유명 인사로 이름을 날렸다. 많은 사람이 마윈에게 번역 의뢰를 해왔다. 일거리가 점점 더 많아지자 마윈은 1992년 하이보 번역사(海博翻譯社)를 세워 퇴직 교사들을 초빙해 번역일을 시작했다. 하이보 번역사의 첫 달 수입은 700위안이었다. 그러나 사무실 운영 비용이 2,400위안에 달해 마윈은 다른 일거리를 찾아야만 했다. 그는 홀로 배낭을 메고 이우(義烏), 광저우(廣州)에서 물건을 가져다 팔기 시작했다. 생계를 위하여 회사에서 조화나 기념품 등의 잡동사니를 판매하기도 했고, 밤에는 야간학교를 운영하기도 했다. 마윈은 2년 동안 번역 회사를 운영하는 동시에 '영어 코너'를 만들어 영어 마니아들을 모았다.

1995년 초, 마윈은 어느 고속도로 투자 프로젝트의 수행통역으로 로스앤젤레스에 가게 되면서 시애틀에도 들렀다. 항저우 전자공학원에서 교직생활을 할 때 알게 된 외국인 교사 빌을 만나기 위해서였다. 일찍부터 인터넷을 접했던 빌은 마윈에게 시애틀의 첫 번째 ISP(Internet Service Provider) 회사인

VBN(Visitor-Based Networking)사를 방문할 수 있는 기회를 마련해 주었다.

VBN사에 들어선 마윈은 두 눈이 휘둥그레졌다. 방 두 개짜리 사무실에 다섯 명의 직원들이 모여앉아 모니터를 들여다보며 끊임없이 자판을 두드리고 있었다. VBN의 직원 중 한 사람이 모자이크(Mosaic) 브라우저를 열어 'Lycos.com'을 입력한 뒤 마윈에게 말했다.

"검색해 보고 싶은 걸 쳐 보세요."

마윈이 'beer'라고 쳤다. 그러자 독일 맥주, 미국 맥주, 일본 맥주 등 맥주와 관련된 수많은 자료들이 검색되었다. 그러

● 운명적인 만남, VBN

마윈과 VBN의 만남은 운명적이라고 할 만하다. 시애틀에 간 마윈은 옛 동료 빌의 소개로 VBN을 방문했다. VBN은 미국 최초의 인터넷 서비스업체로 마윈에게 신세계를 열어주었다. 그곳에서 마윈은 인생 최초로 컴퓨터를 만났고 인터넷의 세계도 경험했다. 이 특별한 경험은 마윈을 창업의 길로 들어서게 했고 오늘날의 알리바바를 탄생시켰다. 마윈은 지금까지도 빌과 VBN에 대하여 고마워하고 있다고 한다.

마윈, 역발상의 지혜

나 아쉽게도 중국 맥주와 관련된 자료는 없었다. 마윈이 다시 'Chinese'라고 치고 검색하자 모니터에는 'no data'라는 메시지가 떴다. VBN사의 직원은 마윈에게 검색결과로 나타나려면 반드시 인터넷 사이트가 있어야 한다고 말해 주었다.

마윈은 귀국한 뒤 VBN사에 하이보 번역사를 위한 사이트를 만들어 달라고 요청했다. 사이트가 만들어진 날, 마윈은 다섯 통의 번역가격 문의 이메일을 받았다. 그중 해외에 사는 어느 고객은 메일에 "하이보 번역사는 인터넷상의 첫 번째 중국회사입니다."라고 써서 보내기도 했다. 그 뒤 마윈은 인터넷의 신비로운 매력에 흠뻑 빠져들었고, 그 속에 수많은 사업기회가 있다는 것을 강하게 느꼈다. 그는 곧바로 VBN사와 제휴를 맺고 중국기업의 인터넷 사이트를 만들어주는 사업을 추진하기로 했다. VBN사는 미국에서 기술적 지원을 해 주고 자신은 중국에서 마케팅을 담당하였다.

1995년 3월의 어느 밤, 마윈은 24명의 친구들을 집에 불러놓고 두 시간 동안 인터넷에 대해 열변을 토해내기 시작했다. 하지만 마윈의 열변을 들은 친구들의 반응은 싸늘했다. 설상가상으로 마윈은 몇몇 친구들이 궁금한 점을 묻는 질문에 한 가지도 제대로 답변해 주지 못했다. 그날 단 한 명을 제외한 23명의 친구들은 고개를 흔들며 이구동성으로 말했다.

"식당을 차리든, 바를 차리든, 야간학교를 개설하든 다 좋지만, 이건 절대로 안 되는 사업이야."

그날 마윈의 아이디어에 대해 찬성한 단 한 명의 친구가 바로 쑹웨이싱(宋衛星), 훗날 차이나페이지(中國黃頁)의 사장이다. 이 정도로 당시만 해도 인터넷은 신비로운 세계였고 그 가치를 알아보는 사람도 매우 드물었다.

친구들의 충고를 뒤로한 채 학교에 사직서를 제출한 마윈은 지인들에게 몇 십만 위안을 빌려 회사를 설립했다.

인터넷 회사를 세우려면 기술이 필요했다. 그러나 당시 중국에는 인터넷을 잘 알고 컴퓨터를 잘 다루는 사람이 많지 않았다. 마윈은 항저우 전자공학원 교직 시절 알게 된 컴퓨터 교사 허이빙(何一兵)이 생각났다. 허이빙은 저장성(浙江省), 더 나아가 중국에서 가장 먼저 컴퓨터와 인터넷을 접한 사람 중의 하나로 인터넷 기술 감각이 뛰어난 사람이었다. 마윈은 곧바로 허이빙

마윈, 역발상의 지혜

을 데려왔다.

이렇게 해서 1995년 4월, 항저우하이보 컴퓨터서비스 유한공사(杭州海電腦服務有限公司)가 세워졌다. 직원은 단 3명, 마윈과 마윈의 부인 장잉(張瑛), 그리고 기술을 출자한 허이빙이었다. 주주는 돈을 투자한 쑹웨이싱까지 합해 총 네 명이 전부였다. 허이빙과 쑹웨이싱은 10퍼센트의 지분을 가지고 나머지는 전부 마윈 부부가 감당했다.

1995년 5월 9일, 역사적인 차이나페이지가 오픈되었다. 우선 마윈은 주변의 친구들을 대상으로 마케팅을 시작했다. 그는 먼저 친구들에게 인터넷의 미래를 그려주고 사이트의 필요성을 주장하며 친구들을 설득했다. 이렇게 받아낸 친구 회사의 데이터를 미국에 보내면 VBN사에서 사이트를 만들어 항저우로 보내 주었다. 마윈은 사이트 화면을 친구에게 보여줌으로써 인터넷상에서 친구의 회사를 검색할 수 있다는 것을 증명했다. 당시 차이나페이지의 제작 견적은 메인 사이트 3,000자 기준에 사진 한 장 첨부하여 2만 위안이었으며 그중 1만 2천 위안은 미국의 VBN사에 지불했다.

● 마윈에게 실패를 안겨 준 차이나페이지

차이나페이지는 마윈의 첫 번째 인터넷 회사로, 중국판 업종별 전화 번호부를 콘셉트로 한 인터넷 서비스였다. 마윈은 인터넷에 대한 굳은 확신을 가지고 차이나페이지를 창업했지만, 중국 내에서의 인터넷 인식에 대한 부족, 중국 시장에 대한 어긋난 분석 등으로 패배의 고배를 마실 수밖에 없었다.

마윈은 이 일을 통해 무엇을 보았을까? 그는 과연 상식을 뛰어넘는 사고방식을 가지고 있었다. 우선, 마윈은 실제 효과를 주목했다. 하이보 번역사가 인터넷에 등록된 첫날 다섯 건의 문의 메일을 받았다는 것은 인터넷이 사업하는 사람들에게 기회를 가져다준다는 것을 뜻했다. 마윈은 상업적 가치를 보았고, 이것이 본격적인 인터넷 사업을 결심하게 한 키포인트가 되었다. 마윈은 사업을 시작하기 전에 많은 사람의 의견을 들어 보았다. 물론 많은 사람이 반대했지만, 그는 이것이 새로운 기회이며 경쟁 상대가 없다는 것으로 판단했다. 마지막으로 마윈은 사람들이 반대하는 이유가 인터넷에 대한 이해를 기반으로 한 것이 아닌, 현실에서 출발한 감정적인 판단이라고 생각했다.

마윈은 다른 사람이 하지 않는 일에 과감하게 주사위를 던질 수 있는 특별한 마인드를 가졌다. 영어를 잘했기에 이와 관련된 일을 하게 되었고, 일찍부터 외국인을 접할 수 있었으며 해외와 국내의 차이점을 배웠다. 이것은 그가 독립적으로 사고하고 이성적으로 판단하는 습관을 배워 국제적인 마인드를 갖추게 하였다. 어쩌면 그는 가장 '상식'적인 능력을 갖추었는지도 모른다. 그는 뜬구름 같은 사람들의 유언비어에 흔들리지 않았다.

실제로 사람의 실수는 이론이나 지식이 부족해서라기보다 상식을 무시하고 상식을 존중하지 않는 데에서 비롯된다. 상식을 어기는 원인에는 여러 가지가 있지만, 이론대로 하려는 사고방식이나 대중의 시선에 맞춰 따라하려는 심리가 대부분이다.

상식을 존중하고 순리대로 사는 것은 쉬운 일이 아니다. 특히 부와 명예 앞에서는 더욱 쉽지 않은데, 마윈은 차이나페이지를 운영하면서 그런 시험대에 올랐다. 1995년 말, 8개월 동안의 노력 끝에 마윈의 회사는 수지 균형을 맞추더니 매출이 점점 올라 어느덧 매출 100만 위안을 달성했다. 하지만 이와 동시에 마윈의 차이나페이지에게는 하루 사이에도 수많은 경쟁 상대가 나타났다. 그중 가장 큰 라이벌은 항저우 차이나텔레콤이었다. 항저우 차이나텔레콤과 차이나페이지는 모두 항저우에 기반을 두고 있었기 때문에 서로 치열한 경쟁을 벌여야만 했다. 더욱이 차이나텔레콤은 국영기업으로 우수한 사회적 자원과 정부 배경을 가지고 있었지만 마윈은 아무것도 없었다. 항저우 차이나텔레콤은 이미 인지도를 갖춘 차이나페이지(chinapage.com)을 모방하여 비슷한 이름의 사이트 'chinesepage.com'을 개설해 마윈이 확보한 시장을 공격해왔다.

● 중국 국영 통신업체, 차이나텔레콤(China Telecommunications, 中國電信)

베이징에 본사를 두고 있는 중국 국영 통신업체로, 상하이, 선전, 항저우, 광저우, 충칭 등 중국의 약 250개 주요 도시에 와이파이 무선인터넷 서비스를 재공하고 있다. 2002년 뉴욕증권거래소와 뉴욕 증권 거래소에 상장되었지만, 지분의 대부분은 중국 정부가 보유하고 있다.

마윈은 선택의 기로에 섰다. 항저우 차이나텔레콤과 맞서 싸우거나 아니면 상대와 병합을 시도하거나, 둘 중 하나였다. 마윈은 생각 외로 잘 진행되고 있던 차이나페이지 사업을 접고 차이나텔레콤에 팔아버리기로 결심했다. 이번 선택 역시 전에 24명의 친구로부터 의견을 듣던 때와 마찬가지로 상식에서 비롯된 것이었다. 대부분 사람들의 반대에도 불구하고 자신의 판단을 굳게 믿고 지켰을 때에도, 막대한 자본 등 우세한 힘을 갖춘 대기업 경쟁 상대가 나타났을 때 미련 없이 사업을 파는 지혜도 모두 상식을 기본으로 한 현명한 선택이었다.

사례 3 ● 3시간 만에 팔린 벤츠 205대

2010년 9월 9일, 온라인 쇼핑몰대회의 전날, 쇼핑 사이트 타오바오는 벤츠 SMART의 공동구매 프로모션을 펼쳤다. 전통적인 오프라인 판매를 위주로 하던 자동차업계에 이 소식이 전해지자 여론이 분분해졌다. 사람들은 '있을 수 없는 일'이라며 머리를 절레절레 흔들었다. 하지만 온라인 판매는 사람들의 뜨거운 반응을 이끌어냈다. 개시 24초 만에 한 대가 팔렸고 6분 만에 55

대가 팔렸다. 3시간 만에 205대의 벤츠 SMART가 전부 팔렸다. 21일 동안 계속될 예정이었던 프로모션은 순식간에 끝났다. 3시간 만에 팔린 벤츠 205대, 이것은 온라인 공동구매의 신화를 창조했다. 벤츠 SMART의 오프라인 연간 판매량은 500대이다. 이 사건은 벤츠의 모든 자동차 딜러들을 깜짝 놀라게 했다.

자료에 따르면 타오바오의 2010년 8월 교역액은 9억 위안에 달한다. 타오바오에서는 1분 내에 969벌의 의류가 팔리고, 203켤레의 신발이 팔리며, 164개의 액세서리가 팔린다. 타오바오는 중국의 전통적인 시장 규칙을 바꾸어 놓았다. 이렇듯 짧은 시간 내에 큰 매출을 올린다는 것은 전통적인 오프라인 매장에서 상상도 할 수 없는 일이었다. 타오바오는 바로 마윈의 새로운 사업이었다. 마윈의 타오바오는 전통적인 상업 규칙을 바꾸어 놓았다.

2016년, 중국의 네티즌 수는 약 8억 명, 온라인 소비자 수는 약 4억 명에 달하는 것으로 예상하고 있다. 억 단위의 온라인 소비자들은 다양한 소비 수요를 만들고 인터넷쇼핑은 중국의 주요 경제 시스템으로 자리 잡을 것이다.

2

역발상의 동력은 꿈이다

마윈은 꿈을 구체적인 계획으로 만든 사람이다. 마윈은 다음과 같이 말했다.

"상장하기 전날, 저는 알리바바의 전체 임직원들을 한자리에 모았습니다. 그들은 이제 최소한 백만장자들입니다. 나는 물었습니다. 당신들은 왜 부자가 되었습니까? 저는 스스로에게도 묻습니다. '나는 왜 부자가 되었을까?' 남들보다 부지런해서일까요? 아닙니다. 우리보다 부지런한 사람들은 많습니다. 남들보다 지혜로워서일까요? 그것도 아닙니다. 나는 총명한 사람이 아닙니다. 초등학교를 7년 동안 다녔고 삼수를 해서 중학교에 들어갔습니다. 졸업 후 수십 번의 면접에서 낙방했으며 생계를 위해서 삼륜차를 끌기도 했습니다. 제가 지나온 길을 뒤돌아보면 남들보다 뛰어난 부분이 전혀 없습니다."

마윈은 자신이 성공한 원인에 대해 자신이 부지런하거나 머리가 좋아서가 아니라고 분명히 말한다.

성공은 확률적인 사건이다. 알리바바가 오늘날의 성공을 이룬 이유에 대하여 마윈은 잘 알고 있다. 성공은 대부분 '운'이 좋았기 때문이라는 것을. 그는 창업은 암벽등반과 같다고 말한다.

"100명이 함께 출발했더라도 그중의 95명은 소리 없이 사라집니다. 그리고 나머지 4명은 비명을 지르며 깊은 계곡으로 추락하며 성공한 단 한 사람만 정상에 오릅니다. 우리는 그 단 한 사람의 성공담을 듣고 있지만 계곡으로 추락한 99명에 대해서는 아무도 묻지 않습니다."

창업 과정에서 가장 어려운 것은 생존문제이다. 기업의 생존과 개인의 생계, 이 두 가지 문제만 해결된다면 기업은 언젠가는 이윤을 얻게 되고 창업의 기본적인 성공을 거두게 된다.

창업자들은 모두 열정을 가지고 일한다. 열정과 이상주의는 창업자가 갖추어야 할 기본적인 조건이다. 이 두 가지 조건을 갖

알리바바 그룹의 설립자 마윈 ▷출처: Wikimedia Commons

추지 않은 사람들은 창업의 길을 선택하지 않는다. 하지만 대부분의 창업자들은 열정만 가지고 일을 하려고 한다. 열정과 이상주의는 창업의 첫걸음일 뿐, 그다음 순서는 한걸음 한걸음씩 앞으로 나아가 이상을 현실로 바꾸어가는 것이다. 열정을 집중력으로 바꾸어야 한다. 창업자는 이상주의자와 현실주의자의 결합이다. 이상주의가 없으면 창업자는 오래 버티지 못하며 현실적인 마인드를 갖추지 못하면 오래 살아남을 수 없다.

많은 사람은 마윈에 대해 이야기할 때 초기에 그가 얼마나 가난했는지 언급한다. 마윈은 그 가난 때문에 '혁명'을 시작했고, 혁명을 시작한 열정으로 팀을 이끌어 왔다고 말한다. 지금도 많은 기업의 대표들은 이런 마윈의 예를 들며 팀을 격려하고 있지만, 사실 마윈은 알리바바 창업 초기에 차이나페이지를 통해 자본금을 마련하였다.

1999년, 마윈은 이미 돈이 부족한 사람이 아니었다. 그때 당시의 외국어 교사는 꽤 돈을 많이 버는 직업이었고, 동시에 그는 번역 회사를 운영하고 있었으며 야간학교 교사 등 다양한 방식으로 돈을 벌어들였다. 차이나페이지를 운영할 때 그는 벌써 100평방미터 이상의 부동산을 가지고 있었고, 충분히 부유한 생활을 누릴 수 있었다. 그런 그가 창업을 선택한 이유는 꿈이 있었기 때문이다. 꿈이 오늘날의 마윈을 만든 것이다.

꿈은 누구에게나 가장 큰 동력이다. 마윈은 말한다.

"창업자는 자신의 꿈을 그려야 합니다. 1995년 저는 처음으로 미국에 도착했을 때 인터넷이라는 것을 알게 되었습니다. 저는 지금도 인터넷의 기술적인 부분에 대해서는 잘 모릅니다. 인터넷을 통해 이메일을 주고받고 인터넷 서핑을 하는 정도입니다. 하지만 이건 중요하지 않습니다. 중요한 것은 내가 꿈꾸고 있는 것이 무엇인가 하는 것입니다."

1999년 정월 초닷새, 마윈은 구정휴가를 받아 항저우로 돌아왔다. 그는 이 기회를 이용하여 십여 명의 친구들을 모아놓고 창업대회를 열었다. 창업대회에서 마윈은 세 가지에 대해 말했다.

"첫째, 앞으로 80년간 지속적으로 발전할 수 있는 회사를 만들 것입니다. 둘째, 전 세계 10위권에 드는 온라인 사이트를 만

중국의 항저우(Hangzhou, 杭州)에 위치해 있는 알리바바 그룹 본사 전경
▷출처: Wikimedia Commons

들 것입니다. 셋째, 비즈니스맨이라면 누구나 알리바바를 이용하게 만들 것입니다."

이 세 가지는 그가 세운 회사의 목표이자 꿈이었다. 이 목표는 새롭게 바뀌었다. 알리바바 5주년 창사기념일에서 마윈은 새로운 목표를 세워 사람들에게 알렸다.

"알리바바는 102년간 지속될 회사가 될 것입니다. 지난 20세기 말에 세워진 알리바바가 창사 102주년이 될 때면 3세기에 걸친 회사가 될 것이며, 알리바바는 중국에서 가장 위대한 기업이 될 것입니다."

어느 인터뷰에서 한 기자가 마윈에게 미래 10년의 꿈이 무엇인지에 대해 물었다. 마윈은 이렇게 대답했다.

"미래 10년, 알리바바는 새로운 전자상거래의 문명을 창조할 것이며 세계 1,000만 중소기업에 생존과 성장을 위한 플랫폼을 제공하고, 전 세계 10억 인구가 이용할 수 있는 온라인 쇼핑 플랫폼을 만들어 줄 것입니다. 미래 30년은 전자상거래가 비약적인 발전을 이루는 시기입니다."

이처럼 마윈은 명확한 자신의 꿈과 비전을 가지고 있었으며

마윈, 역발상의 지혜

그 꿈을 위해 노력하고 있었다.

마윈이 가진 비전은 '꿈'이라기보다 일반적인 마음가짐에 더 가깝다. 그러나 이런 마음가짐은 그의 천부적인 상업 마인드에서 비롯되며, 좀 더 구체적으로 말하면 '끈기가 있는 꿈'이라고 해야 할 것이다. 이 꿈은 실현 가능한 것으로, 꿈을 믿고 지키며 실행해 나가면 자연히 이루어지게 될 것이다.

사례 1 ● 열정을 불태운 세월

"창업을 시작한 첫날의 꿈을 기억하라."

1995년, 마윈이 인터넷 사업을 시작하고 차이나페이지의 마케팅을 위해 동분서주할 때 그는 가끔 사기꾼으로 몰리기도 했다. 당시 마윈이, 알리바바는 5년 내에 세계 인터넷 사이트 10위에 오를 것이라고 말했을 때 사람들은 "그가 미쳤다."고 말했다. 그의 꿈은 망언으로 치부되었다. 그러나 많은 사람이 의심해왔던 일들은, 체구는 작지만 열정이 넘치는 한 사나이에 의해 이루어졌다. 오늘날 마윈은 그때를 기억하며 자신의 성공을 믿어 의심치 않았기 때문에 꿈이 이루어졌다고 말한다.

1997년 초, 마윈은 베이징에 있는 중국 대외경제 무역부로부터 중국 국제전자 비즈니스센터(EDI)를 운영해 달라는 요청을 받았다. 마윈은 당시 항저우 차이나텔레콤과 경쟁 중이던 차이나페이지를 포기하기로 결심했다. 그는 자신이 가지고 있는 차이나페이지의 21퍼센트 지분을 주당 0.3위안에 팔고 약 10만 위안을 받았다. 당시 차이나페이지의 통장에는 107만 위안의 돈과 약 40만 위안의 미수금이 있었다.

　　마윈은 자신의 팀을 이끌고 베이징으로 갔다. 그는 그곳에서 대외경제 무역부 중국 국제전자 비즈니스센터의 MOFTEC 사이트를 운영하기 시작했다.

　　마윈은 그 당시를 회상하며 다음과 같이 말했다.

　　"베이징으로 가기 전에 저는 항저우의 소상인에 불과했습니다. 정부를 위해 일을 하면서 비로소 국가의 미래 발전 방향을 알게 되었고 거시적인 사고를 갖추게 되었습니다. 저는 더 이상 우물 안 개구리가 아니었습니다."

　　대외경제 무역부는 중국 국제전자 비즈니스센터에 200만 위안의 자본금을 지원했고 마윈에게 30퍼센트의 지분을 주었다.

마윈은 항저우에서 같이 온 다섯 명의 팀원들과 20평방미터짜리 월세 방에서 15개월 동안 지내며 일을 했다. 그는 대외경제 무역부 공식 사이트, 온라인 중국상품 교역마켓, 온라인 중국기술수출 교역회, 중국투자유치 상담회, 온라인 수출입 상담회 등 다양한 사이트를 만들었다. 온라인 중국상품 교역마켓은 중국 정부가 주관한 첫 번째 대형 온라인 전자상거래 모델이기도 하다.

그러나 1998년 말, 마윈은 거대한 꿈을 안고 대외경제 무역부를 떠났다. 항저우로 돌아가기로 결심한 마윈은 항저우에서 함께 온 팀원들에게 다음과 같이 제안했다.

"저는 항저우로 되돌아갈 생각입니다. 여러분은 여기 남아 있어도 좋습니다. 대외경제 무역부라는 큰 산이 있고 숙소도 제공되며 베이징에서도 꽤 높은 연봉을 받고 있지 않습니까? 그동안 IT 업계에서 갈고 닦은 노하우가 있으니 야후와 같은 큰 회사에 들어가는 것도 좋은 선택일 것입니다. 야후는 대기업이므로 연봉도 높을 것입니다. 필요하다면 제가 추천서를 써 드릴 수도 있습니다."

이어서 마윈은 다음과 같이 힘주어 말했다.

"저와 함께 고향으로 돌아가 2차 창업을 시작해볼 분들은 함께 갑시다. 단, 월급은 단돈 500위안이며 교통비 지원도 안 됩니다. 사무실은 우리 집입니다. 무엇을 할지는 저도 아직 모릅니다. 하지만 저는 전 세계에서 가장 큰 비즈니스 사이트를 만들 것입니다. 3일의 시간을 줄 테니 생각해 보시기 바랍니다."

팀원들 사이에서 의견이 분분했다. 마윈의 선택을 이해 못하는 사람도 있었고 결사반대하는 사람도 있었다. 하지만 결국 모두 마윈의 선택을 따라 항저우로 되돌아갔다.

1999년 2월 21일, 항저우 호반화원(湖盤花園) 마윈의 집. 마윈의 연설을 촬영할 카메라가 돌아가는 가운데 마윈의 부인, 동창, 학생, 친구 등 18명이 마윈을 둘러싸고 앉았다. 마윈은 두 팔을 힘차게 내흔들며 연설을 시작했다.

"지금부터 우리는 누구도 하지 않은 위대한 일을 시작할 예정입니다. 우리의 B2B(Business-to-Business) 모델은 온라인 서비스에 새로운 혁명을 일으킬 것입니다."

마윈은 호주머니의 돈을 책상 위에 꺼내 놓으며 호언장담을 했다.

"초기 자금은 반드시 호주머니 속의 돈(pocket money)이어야 합니다. 돈을 빌리지 마십시오. 그러면 실패할 가능성이 더 크기 때문입니다. 우리는 가장 힘든 상황을 맞이할 준비를 해야 합니다. 그러나 나는 죽지 않는 한, 절대 포기하지 않을 것입니다."

마윈은 열정적으로 연설을 이어나갔다. 그는 4년 동안 자신이 줄곧 말해 왔던 인터넷이 무엇인지를 알게 되었다는 것, 시나닷컴의 성공사례 등을 이야기한 뒤 미래의 전망에 대해서도 분석해서 연설을 펼쳤다. 연설을 마친 뒤 마윈은 모인 사람들에게 앞으로 생활할 최소한의 돈만 빼고 다 내놓으라고 요구했다. 그리고 한마디 덧붙였다.

"돈을 냈다 하더라도 여러분에게는 병장, 하사, 중사 계급만 줄 것입니다. 중령, 대령 참모장은 따로 모셔올 계획입니다."

창업에 참여한 '18나한'은 돈을 빌리지 말라는 마윈의 지시에 따라 각자에게 있는 돈만으로 총 50만 위안의 자본금을 모았다. 사무실은 마윈의 집에 마련하였고, 임직원은 총 35명이었다. 마윈은 모든 직원에게 5분 내에 회사에 도착할 수 있는 가까운 거리에 집을 구하라고 말했다. 월급은 모든 사람 똑같이 월 500위안이며, 10개월 내 모든 휴가를 반납할 것을 규칙으로 정했다.

"'준비, 탕!' 하는 출발 총소리가 울리면 미친 듯이 뛰어야 합니다. 경쟁자가 어디까지 왔는지 살필 겨를도 없이 앞만 보고 달립시다."

마윈은 모든 직원들을 하루 16~18시간 동안 근무하도록 했다. 직원들이 일을 하다가 졸리면 바닥에서 잠을 자게 했고 체력이 너무 떨어지면 부인에게 부탁해 맛있는 요리 몇 가지를 만들어 가져오도록 했다.

〈월스트리트 저널〉 아시아판의 편집장은 알리바바를 방문한 뒤 다음과 같이 묘사했다.

"알리바바 직원들은 밤낮을 가리지 않고 일하고 있었다. 바닥에는 침낭이 여기저기에 널려 있었다. 피곤한 사람은 바닥에서 잠깐 눈을 붙이는 것이다."

알리바바는 자신의 B2B 모델이 온라인 서비스에 새로운 혁명을 일으킬 것이라고 말한 마윈의 영상을 보존하고 있다. 이 영상은 다시 보아도 매우 흥미롭다. 마윈은 자신이 한 말을 실제 현실로 옮겨놓았다.

서구의 기준으로 보면 부자는 단순히 돈을 많이 가지고 있는 사람이 아니다. 부자란, 건강과 여유로운 시간, 그리고 충분히 쓸 수 있을 만큼의 돈을 가지고 있고 자기가 좋아하는 일을 하는 사람을 말한다. 마윈은 중국에서 가장 먼저 부유해진 사람들 중의 한 사람이다. 동시에 그는 자기가 좋아하는 일을 하고 있다. 서구의 기준대로라면 그는 일찍부터 부자가 된 사람이다.

또한 마윈은 평범한 창업자가 아니다. 알리바바를 설립할 때 그는 이미 네 번의 창업과정을 거쳤다. 번역 회사와 차이나페이지, 대외경제 무역부 등의 과정을 거친 마윈은 이미 풍부한 경험을 쌓았고 상당히 노련한 고수가 되어 있었다. 마윈은 이미 사이트 주소명이나 비즈니스모델, 사이트 구성 방식 등을 어떻게 설정할 것인지 나름대로의 판단을 내리고 있었다.

'alibaba.com'라는 사이트 주소명은 1998년 마윈이 미국의 어느 레스토랑에서 생각해 낸 것이다. 레스토랑에서 '알리바바'를 떠올린 마윈은 종업원에게 알리바바를 아는지 물어보았다. 그러자 종업원이 웃으면서 대답했다.

"열려라, 참깨!"

마윈은 길을 가다가 몇 사람을 붙잡고 같은 질문을 던졌다.

"열려라, 참깨!"

모두 똑같은 대답이 돌아왔다. 세상의 모든 언어에는 'a-li-ba-ba'라는 발음이 존재했다. 집안의 나이 든 할머니부터 어린 아이들까지 모두 '알리바바'라는 발음을 쉽게 할 수 있었다. 세상의 모든 비즈니스맨에게 쉽고도 매력적으로 내세울 수 있는 이름이 바로 '알리바바'였다.

비즈니스모델은 이미 축적된 노하우가 있었다. 바로 대외경제 무역부의 온라인 중국상품 교역마켓이었다. 당시만 해도 287만 위안의 높은 이윤을 창출하였고 계속적인 운영을 통해 지속 가능한 시스템임을 입증해냈다.

그때만 해도 중국의 대외무역은 주로 상담회, 국내외 전시회를 통해 이루어졌고 이것마저도 대부분 홍콩무역회사의 영향력 아래에 있었다. WTO 가입을 앞두고 많은 중국의 중소기업은 자주적인 무역채널이 필요했다. 마윈은 알리바바가 인터넷을 이용하여 그 역사적인 사명을 짊어질 수 있다고 생각했다.

사이트 구성 방식은 마윈이 고집하고 있는 BBS(Bulletin Board System, 전자 게시판)였다. 마윈은 정보를 쉽게 올릴 수 있고 카테고리만 잘 분류된다면 어려울 것이 없다고 믿었기 때문이었다. 좀 더 화려하고 '있어 보이는' 사이트를 만들어야 한다는 목소리도 있었지만 마윈은 자신의 의지를 꺾지 않았다.

"알리바바의 대부분 유저는 인터넷을 잘 모르는 비즈니스맨들입니다. 간단할수록 좋습니다."

이것이 마윈의 생각이었다.

● 마윈이 선택한 BBS

마윈은 알리바바의 사이트를 처음 구성할 때 전자 게시판, BBS를 고집했다. 간단하고 사용하기 편리하다는 점이 마윈의 마음에 들었다. BBS는 특정 다수의 사용자들이 컴퓨터를 통해 정보를 교환하고 대화하거나 서로 공유하기 위한 시스템이다. 회사 내에서 사람들이 잘 볼 수 있게 마련되어 있는 게시판처럼 인터넷 안에 마련되어 있는 게시판이 바로 BBS이다. 1978년 미국 시카고 지역에서 만들어진 CBBS(Computer Bulletin Board System)가 전자 게시판의 시초로 알려져 있다.

1999년 3월, 출장 중이었던 마윈은 부하 직원에게 메일을 보내 BBS를 디자인하라고 지시했지만 직원들은 그의 요구를 거부했다. 화가 난 마윈은 전화기에 대고 소리쳤다.

"지금 당장! 당장 하란 말이야. 당장!"

그는 한달음에 항저우로 달려갈 기세였다.

2002년만 해도 광저우의 대부분 지역에서는 전화선을 이용해 인터넷을 사용했다. 당시 젊은 층들 사이에서는 BBS 형식의 채팅사이트가 유행했는데, 개편을 거친 후 오히려 인기가 떨어졌다. 그 원인은 사이트 개편을 하면서 블록을 더 세분화하였는데 이것이 오히려 집중력을 떨어뜨려 사용하기 불편해졌기 때문이었다. 1999년에 이미 이런 문제를 발견한 마윈은 결코 기술자들 앞에서 자신의 의지를 굽히지 않았다.

BBS를 고집한 것 역시 그의 독립적 사고의 결과이다. 말끝마다 그는 대부분의 유저들은 아직 그에 못 비치는 컴맹이고, 자신 역시 많은 시간이 지나서야 비로소 인터넷을 배우고 알게 되었다고 강조했다. 마윈은 유저들에게 인터넷을 사용하는 것은 어려운 일이므로 쉽게 사용할 수 있는 간단한 사이트를 만드는 것이 필요하다고 판단했다.

기술력이 높다고 좋은 것인가? 마윈은 그렇게 생각하지 않았다.

알리바바가 처음 세상에 알려졌을 때 많은 글로벌 비즈니스 매체에서도 그의 움직임을 유심히 살피기 시작했다. 해외언론의 보도는 알리바바로 하여금 해외에서 지명도를 쌓게 하였고 많은 투자자들의 관심을 받았다.

그럼에도 불구하고 자금이 부족했지만, 마윈은 자본을 최우선 순위에 두지 않았다. 알리바바 그룹의 최고인사책임자인 펑레이(彭蕾)는 당시 투자자들과의 미팅을 다음과 같이 회상했다. 1999년 7월, 마윈은 호반화원의 집에서 전화 한 통을 받았다. 그는 직원들을 한번 훑어본 뒤 펑레이에게 말했다.

"나랑 같이 나갑시다."

회사 문을 나선 뒤에야 펑레이는 마윈이 투자자를 만나러 간다는 것을 알았다. 마윈과 그녀의 손에는 노트 하나만 달랑 쥐어져 있을 뿐 아무것도 준비되어 있지 않은 상태였다.

펑레이는 그 회사의 이름은 기억나지 않지만 상하이에서 온

투자회사 사람들이었다고 말한다. 양측은 서로에 대한 사전 이해가 있었기에 본격적인 협상에 들어갔다. 백만 달러 이상의 투자금이 걸린 중요한 협상이었지만, 갖추어진 형식이 전혀 없이 상대방이 묵고 있는 호텔 방에서 상담이 진행되었다.

투자자가 투자금액을 제시하였다. 투자금액은 정해져 있었고 그 금액이 차지하는 알리바바의 지분만 정하면 되는 상황이었다. 그들은 마윈이 동의한다면 당장 계약을 체결할 수 있다고 말했다. 그러나 마윈은 그들이 제시한 지분 비율에 대해 만족하지 않았다. 그는 알리바바가 그 이상의 가치를 창조할 수 있다고 믿었기 때문이었다. 협상이 지지부진해지자 마윈은 잠깐 쉬자고 제안했다.

잠깐 밖에 나가 쉬고 방에 다시 돌아온 마윈은 투자자에게 다음과 같이 말하며 제안을 거절했다.

"우리가 생각하는 알리바바의 가치는 변함없습니다. 당신들이 평가하는 가치와 차이가 많이 납니다. 아쉽지만 계약을 체결할 수 없습니다."

그리고 마윈은 자신이 벤처투자에 대하여 무엇을 바라는지 말했다. 그는 벤처투자가 돈 이외에 더욱 많은 가치를 알리바바에 가져다주기를 바랐으며, 그것이 해외자본이라도 좋다고 했다. 마윈은 그렇게 총 38개 투자자의 제안을 모두 거절했다.

이때 등장하는 인물이 차이충신(蔡崇信)으로, 그는 알리바바에 대한 골드만삭스의 500만 달러 투자를 추진한 인물이다.

차이충신의 화려한 이력만 보면, 그가 빈털터리였던 알리바바를 선택한 이유에 대해 의아해하는 사람이 많다. 그는 예일대학을 졸업했고 뉴욕에서 2년 동안 변호사로 활동했으며 유럽의 '인베스트AB(INVESTAB)'라는 투자회사의 아시아 지역 수석투자매니저로 일해 왔다. 그와 마윈의 만남은 알리바바가 벤처투자를 찾으면서 시작되었다.

차이충신은 투자자의 신분으로 마윈을 만나 협상을 시작했으나, 협상과정에서 자신이 직접 알리바바에 들어가 일하기로 결심했다. 홍콩에서 연봉 수십만 달러를 받던 수석투자 매니저는 그렇게 1999년 4월 알리바바에 입사하여 월급 500위안을 받는

● 알리바바 신화 속의 인물, 차이충신

차이충신은 인베스트AB 수석투자매니저에서 알리바바로 들어온 뒤 알리바바 최고재무책임자(CFO), 알리바바 최고운영책임자(COO)를 거쳐 알리바바 부회장의 자리에까지 올랐다. 설립 초기 차이충신은 알리바바의 재정, 회계, 법률 기초를 튼튼히 다지고 알리바바가 고속 성장을 하는 데 공헌했을 뿐만 아니라 알리바바가 어려움에 빠질 때마다 여러 번 구해내기도 했다. 이런 차이충신은 알리바바 그룹 성장의 숨은 공신이자 알리바바 신화 속의 인물로 평가되고 있다.

직원이 되었다. 이런 결정에 대해 차이충신 자신은 매우 명료하게 대답한다.

"내가 보기에 알리바바는 일을 하고자 하는 사람들이 모여 매우 흥미로운 일을 만들어 가고 있었습니다. 그래서 나는 이곳에 들어가 일하기로 결심했습니다. 그것이 제가 알리바바에 들어간 이유의 전부입니다."

차이충신이 알리바바에서 맡은 일은 투자자와의 협상이었다.

● 세계적인 거대 은행, 골드만삭스

미국의 증권회사이자 세계적인 투자 은행으로 1869년 마커스 골드만이 세웠다. 전 세계의 기업과 금융기관, 정부 또는 주요 개인 등 다양한 고객들을 상대로 전 세계를 무대로 한다. 고객들에게 투자 자문, 금융 서비스를 제공하며 국제 금융시장을 주도하고 있다. 본사는 미국 뉴욕에 위치해 있다.

골드만삭스를 세운 마커스 골드만

그는 마윈과 함께 알리바바를 위해 투자해 줄 투자자를 찾기 시작했다. 1999년 IT 기업에 대한 벤처투자는 많았지만 마윈과 차이충신이 만족할 만한 투자는 없었다.

같은 해 8월의 어느 날, 홍콩에서의 투자미팅을 위해 동분서주하던 차이충신은 호텔 로비에서 친구인 골드만삭스의 린 씨를 만났다. 이 우연한 만남은 알리바바에 엔젤자본을 마련해 주었다.

그동안 골드만삭스는 과학기술산업에 대한 투자를 하지 않았다. 줄곧 전통산업인 제조업에 투자를 해오고 있었다. 중화권에서는 타이완의 제화공장과 진장(晋江) 지역의 제조업에 투자한 적이 있었지만 IT 산업에 투자한 적은 없었다. 차이충신은 린 씨에게 알리바바에 대한 투자를 문의하였고, 린 씨는 두 사람의 오랜 신뢰 관계를 바탕으로 흔쾌히 현장조사를 가보겠다고 대답했다.

골드만삭스는 알리바바에 대한 현장조사를 진행한 후 매우 만족스러워했고 알리바바와의 계약 체결을 제안했다. 당시 마윈과 차이충신은 선전(深圳)에서 투자자를 찾아 협상이 어느 정도 이루어진 상태였다. 마침 그날 저녁 호텔로 돌아온 마윈과 차이충신은 골드만삭스에서 보내온 팩스 한 장을 받았다. 차이충신은 다음과 같이 그때의 투자유치 과정을 회상했다.

"솔직히 당시 알리바바는 투자자와의 협상 공간이 매우 적었습니다. 비록 IT 산업이 최근 떠오르는 산업이었지만 우리는 정말 돈이 필요했습니다. 골드만삭스와의 합작과정에서 줄다리기를 할 처지가 못 되었지요. 훗날 두 번째 투자를 받을 때는 우리의 호주머니에도 돈이 많았기 때문에 협상을 할 때 좀 더 여유를 부릴 수 있었습니다. 당시 골드만삭스의 조건은 우리가 상담 중이었던 투자자보다 더욱 까다로웠지만, 마윈과 나는 논의를 거쳐 골드만삭스를 선택하기로 마음먹었습니다. 그 이유는 골드만삭스는 미국의 유명한 투자회사이므로 앞으로 우리가 미국시장을 개척할 때 도움이 될 것이라고 판단하였고, 또 대기업이기 때문에 좀 더 장기적인 안목을 가지고 있으리라 믿었기 때문입니다."

이상이 당시 IT 업계의 뜨거운 이슈로 떠올랐던 골드만삭스의 알리바바에 대한 투자과정이다. 골드만삭스의 500만 달러는 알리바바의 엔젤자본이 되어 주었다.

알리바바의 창업 스토리를 이야기할 때 많은 사람이 투자 부분에 대해 흥미롭게 생각한다. 단 몇 개월 만에 무려 38개의 투자회사에서 알리바바에 관심을 보였다는 것은 정말 대단한 일이었다. 그런데 마윈은 재무에서 자유로워 적어도 밥을 굶을 걱정이 없는 사람이다. 선택 사항이 많을수록 자유롭다. 마윈에게는 돈이 필요할 때 돈을 가져다주는 사람이 항상 있었다. 이런 재정적인 튼튼한 기초가 있었기에 마윈은 자신의 의지에 따라 오늘날의 알리바바를 만들어냈는지도 모른다.

어릴 적부터 쌓아온 독립적인 사고와 비즈니스 상식 이외에 마윈은 앞서 세 번의 창업과정에서 많은 것을 배웠다. 차이나페이지를 만들 때 그는 이미 대중매체와 언론보도를 이용할 줄 알았다. 마윈의 세 번의 창업은 대다수 창업자들의 경험과 비슷해 보이지만 몇 단계의 다른 과정을 거친다. 번역 회사는 먹고 살기 위한 창업모델이다. 대부분의 사람들이 갖춘 창업모델로 작은 소득에 만족하고 큰 배경이나 능력이 없이 작은 기술만 가지고 살아갈 수 있다. 차이나페이지는 좀 더 높은 차원의 사회적 자원을 필요로 하는 게임이다. 자신의 미천한 자본과 배경을 고려한 마윈은 그 게임에서 일찍부터 손을 뗐다. 오늘날 상당수의 기업이 이 수준에 속한다.

마지막으로 마윈의 가장 중요한 경험은 대외경제 무역부에서 정부의 플랫폼을 이용해 다양한 비즈니스 모델을 시도해 본 것이다. 그는 이곳에서 많은 것을 배웠고 알리바바의 원초적인 비즈니스모델을 고안해냈다. 이 과정에서 그는 자신감을 얻게 된다. 창업자들이 기억해야 할 가장 중요한 덕목, 자신이 쌓은 경험들을 믿고 손에 들고 있는 자원들을 잘 살펴보는 것이다. 세 차례의 창업과정에서 마윈은 미래에 나아가야 할 길과 팀을 이끌어 갈 수 있는 동력을 얻었다.

사례 3 ● 돈만 생각하면 큰일을 못한다

사람들은 야후와 알리바바의 합작에 대하여 하늘이 내린 파트너라고 말한다. 야후와 알리바바의 합작에서 마윈은 야후의 10억 달러를 얻었다. 이 돈은 지금 생각해도 천문학적인 돈이다. 그러나 시간이 지나면서 이 돈을 다 써버리기도 전에 부작용들이 나타나기 시작했다. 몇 년 전만 해도 마윈은 이번 협상이 상당히 성공적인 합작이라고 생각했지만, 오늘날에 다시 생각해 보자 잠시의 행복은 부담으로 변해 버렸다.

마윈은 돈에 너무 신경 쓰지 말라고 말한다. 그는 돈을 가볍게 여기지 않고 돈만 생각하다 보면 절대 큰일을 해내지 못한다고 생각한다. 꿈과 목표가 없는 회사는 영혼이 없는 껍데기와 마찬가지이다. 많은 기업인들은 기업의 미래를 그릴 때 세계 500대 기업이 되는 것이 목표라고 이야기하곤 한다. 세계 500대 기업이라는 기준은 영업액, 즉 돈이 목표인 것이다. 이익만 추구하는 기업은 세계 500대 기업이 된다 해도 존중을 받는 진정한 기업이 될 수 없다.

마윈의 성공은 돈과 밀접한 관계가 있지만 그의 독립적인 금전관은 다음과 같은, 사람들의 입에 자주 오르내리고 있는 이야기를 만들어냈다.

1999년 10월의 어느 날, 마윈은 야후의 가장 큰 주주이자 소프트뱅크의 손정의 회장을 만나게 된다. 손정의 회장과 약속된 시간은 약 한 시간 정도였다. 그러나 마윈이 약 6분 동안 회사의 비전에 대해 이야기하자, 손정의 회장은 바로 다음과 같이 결정했다.

"당신 회사에 투자하겠습니다."

마윈은 이렇게 손정의를 평가한다.

"손정의는 지혜가 겉으로 드러나지 않는 사람입니다. 그는 무표정하고 영어도 잘 구사하지 못했지만, 한 말 중에 하나도 버릴 말이 없는 사람이었습니다. 마치 무협지에서 나오는 사람 같았지요. 6분 동안 우리는 서로에 대해 알게 되었고 몇 가지 공통점이 있다는 것을 깨달았습니다. 첫째, 모두 신속하게 결단을 내리는 사람이라는 것, 둘째, 큰일을 해낼 인물이라는 것, 셋째, 자신의 생각대로 움직이는 사람이라는 것입니다."

손정의는 수많은 인생의 굴곡을 거친 사람으로, 어릴 적에는 쓰레기통에서 쓰레기를 주워 돼지를 먹여 생계를 유지했다. 그러나 그의 아버지는 항상 그에게 "너는 천재다."라고 격려해 주었다. 그런 아버지의 격려 속에서 손정의는 사회의 최하층에서부터 한걸음씩 위로 올라와 어릴 때부터 꿈꾸어 왔던 수많은 상상들을 현실로 만들어 나갔다.

12월 8일, 마윈과 손정의는 변호사를 동행하지 않고 단둘이 회담을 가졌다. 3분도 안 되는 시간에 마윈은 손정의로부터 3,500만 달러의 투자를 받았다. 나중에 알려진 사실이지만 소프트뱅크는 해마다 700여 개 회사의 투자신청을 받고 그중의 70개 회사에만 투자를 했다. 손정의 자신은 그중의 한 개 회사만 직접 상담을 하고 투자를 했다.

　　며칠 뒤 계약을 체결하기 전 마윈은 의외로 협상을 물렀다. 그 이유는 돈이 적어서가 아니라 그와 반대로, 돈이 너무 많다고 생각했기 때문이다. 같은 투자 지분에 마윈은 3,500만 달러가 아닌 2,000만 달러만 필요하다고 요청했다.

　　의외의 상황에 화가 나서 펄쩍 뛰는 손정의의 비서 앞에서 마윈은 손정의에게 이메일을 보냈다.

　　"······ 저는 손정의 선생과 함께 인터넷 사업의 미래를 열어가고 싶습니다. 인연이 아니라면 합작은 이루어지지 않겠지만 좋은 친구로 남을 수는 있다고 생각합니다."

　　5분 뒤, 손정의로부터 답 메일이 왔다.

　　"저에게 좋은 비즈니스의 기회를 주셔서 감사합니다. 우리는 알리바바를 세상에 알리는 데 온 힘을 다하여 야후와 같은 세계적인 사이트로 만들어가겠습니다."

왜 돈을 거절했는가? 이에 대해 마윈은 다음과 같이 말했다.

"이것은 도박과 같습니다. 저는 제가 확신하는 일에만 판돈을 겁니다. 전에 제가 이끌고 있던 팀은 60명 미만이며 그때 만져본 돈이라고 해 봐야 200만 달러 정도입니다. 2,000만 달러의 돈은 제가 관리하고 조절할 수 있지만 더 많아지면 가치를 잃게 되며 이것은 곧 기업에 불리하게 작용합니다. 그래서 저는 투자를 물릴 수밖에 없었습니다."

"알리바바가 오늘날의 성과를 이룰 수 있었던 것은 우리가 돈이 없었기 때문입니다. 많은 사람이 실패하는 것은 돈이 너무 많은 데에서 비롯됩니다. 돈이 없을 때 우리는 일 원을 쓸 때도 어떻게 쓸지 고민하고 유용하게 사용하기 위해 노력합니다. 지금 우리는 많은 돈을 가지고 있지만 여전히 돈이 없었던 그때처럼 돈을 씁니다. 왜냐고요? 지금 우리가 쓰고 있는 돈은 투자자의 돈입니다. 우리는 그 돈에 대해 책임을 져야 합니다. 다른 사람의 돈을 쓰는 것은 훨씬 고통스러운 일입니다. 그래서 단 일 원이라도 아무렇게나 되는 대로 쓰면 안 됩니다. 이것은 매우 중요합니다."

알리바바 직원들의 연봉은 절대 시세에 맞춰 결정되지 않는다. 직원들은 입사할 때 모두 원래 회사에서보다 반 정도 적게 받는다. 야후에서 알리바바로 이직한 우중(吳炯)은 알리바바에서 원래 연봉의 반만 받고 일했으며 일곱 자리에 달하는 야후의 지분까지 잃었다. 왜 그랬을까? 알리바바의 돈은 벤처자본에서 온 것이기 때문에 아껴야 했고, 알리바바 또한 돈으로 영입할 수 있는 쉬운 사람이 싫었던 것이다.

마윈은 절대 앞에 나서서 다른 IT 기업의 인재들을 스카우트하지 않는다. 알리바바는 높은 연봉으로 인재를 유혹하지 않으며 지분을 나누어 준다는 따위의 말로 현혹하지 않는다고 말한다. 회사가 실패하면 지분이라는 것은 일 원어치의 가치도 없으므로 회사의 성공은 오직 직원들의 손에 달려 있다고 말한다.

마윈의 돈은 대부분 고객과 인재, 그리고 직원들을 위해 쓰인다. 그는 막대한 자금을 고객서비스에 사용하고 있는데 한 번에 500만 위안씩 서슴없이 내놓는다. 마윈은 직원들의 교육과 훈

련을 위해서도 돈을 아끼지 않는다. 마윈은 인재를 아낀다. 비록 연봉을 많이 줄 수는 없지만, 마윈은 비전과 열정으로 그들을 감동시킨다. 많은 사람이 IT 산업은 거품과 같다고 말하지만 마윈은 장거리 달리기와 같다고 생각한다. 미국이 첫 코스에서 100미터 정도 앞서갔지만 아직 승리한 것은 아니다. 아시아권에도 기회가 있으며, 장거리 달리기에서 이기기 위해서는 호흡조절을 잘하고 한 푼이라도 아껴 써야 한다는 것이 그의 생각이었다. 마윈은 알리바바의 향후 50년 계획을 세우고, 토끼의 빠른 속도와 거북이의 은근한 끈기를 동시에 갖추어야 한다고 생각했다.

마윈은 인재를 아끼는 사람이다. 알리바바의 어느 젊은 직원은 마윈에 대해 다음과 같이 말했다.

"마윈은 모든 사람을 격의 없이 대합니다. 모든 직원을 거리감 없이 편하게 대합니다."

마윈은 새로 온 직원이 있을 때마다 적극적으로 만나서 이야기를 나누어 보기도 한다.

1999년 2월, 마윈은 싱가포르에서 진행된 아시아 E-

Business 엑스포에 초청되었다. 참가자의 80퍼센트는 유럽과 미국인들로, 구미식의 전자상거래에 대해 이야기를 나누고 있었다. 이들의 이야기를 듣고 있던 마윈이 참다못해 일어서서 연설을 시작했다. 연설은 한 시간 동안 계속되었다.

"아시아의 전자상거래에 대해 큰 오해가 있습니다. 아시아에는 아시아, 미국에는 미국에 맞는 전자상거래 모델이 존재합니다. 현재 우리가 지켜온 것은 미국식 규칙입니다. 아시아는 아시아의 실정에 맞는 모델을 만들어야 합니다."

그렇다면 아시아에 맞는 모델은 무엇인가? 마윈은 이에 대한 대답을 하지 않았지만, 이것이 바로 *그가* 해야 할 일이었다.

다른 IT 업계의 엘리트들과 달리 마윈은 어릴 적부터 상류층의 가정이 아닌 평범한 가정에서 자랐다. 그래서 그는 전자상거래 모델도 15퍼센트의 대기업이 아닌 85퍼센트의 중소기업에 초점을 맞추었다. 마윈은 "새우만 잡는다."라고 말한다. 대기업은 전문적인 정보채널을 갖추고 있고 거액의 광고 비용을 들여 홍보하고 있지만 중소기업은 아무것도 없다. 중소기업이야말로 인터넷이 필요한 사람들이다.

마윈, 역발상의 지혜

마윈은 중소기업에 대해 철저한 조사를 진행했다. 중소기업인들은 두뇌가 명석하고 생명력이 강하며 현실적이다. 그들은 전략 따위가 중요하지 않으며 돈만 잘 벌면 그만이었다.

　　마윈은 바로 그런 플랫폼을 만들고 싶었다. 전 세계의 중소기업의 수출입 정보를 한자리에 모아놓는 것, 마치 알알이 흩어진 작은 모래알들을 인터넷을 통해 붙여놓아 거대한 힘을 발휘하게 하는 것이었다. 그 힘은 큰 바위를 대적할 수 있는 커다란 에너지가 될 것이라고 믿었다. 마윈은 말한다.

　　"저는 셀 수 없이 많은 중소기업의 해결사가 될 것입니다."

　　마윈은 또 말한다.

　　"아시아는 수출형 경제로 세계에서 가장 큰 수출기지이며 중소형 공급상이 밀집되어 있는 지역입니다. 하지만 수많은 작은 무역상들은 판로가 없어 걱정입니다. 대부분의 기회가 대기업에 의해 조종되어 기회를 얻기 힘들기 때문입니다. 이때 알리바바 사이트를 통해 미국과 유럽으로 진출할 수 있습니다."

　　"경제의 세계에서 대기업은 고래와 같습니다. 대기업은 작은 새우들을 먹이로 살아갑니다. 새우들은 고래가 먹다 남긴 음식으로 끼니를 때우고 서로 의지해 살아갑니다. 그러나 인터넷은 독립적인 세상입니다. 작은 기업은 인터넷에서 자신만의 독특한 세계를 보여 줄 수 있습니다. 이것이 바로 인터넷의 가장 큰 혁명입니다."

마윈이 그린 알리바바는 글로벌 사이트이다. 마윈은 이제까지의 전자상거래가 대기업을 위한 것이었다면 아시아의 전자상거래는 비즈니스 대 비즈니스가 아닌 비즈니스맨 대 비즈니스맨이어야 하며 아시아만의 독특한 모델이 되어야 한다고 말했다. 알리바바는 중소기업을 위해 무료로 정보를 제공하며 '앞으로도 영원히 무료'로 서비스를 제공할 것이라고 밝혔다.

또한 마윈은 중국을 거시적인 시각으로 분석한 결과, 중국이 WTO에 가입한 후 세계 무역의 중심이 될 것이라고 믿었다. 이 믿음이 그가 중소기업을 위한 전자상거래 플랫폼을 고집하는 이유이기도 했다.

중국은 거대한 시장이다. 세계는 중국을 필요로 하고 중국 역시 세계가 필요하다. 중국은 2001년 WTO에 가입한 후 노동집약형 산업의 발전과 더불어 세계의 공장으로 불렸으며 '메이드인 차이나'로 전 세계를 휩쓸었다. 앞으로도 아시아를 비롯한 개발도상국은 규모보다는 전략이나 행동이 뛰어나고 재빠른 중소기업이 주를 이룰 것이라고 그는 판단했다.

아시아 국가와 다른 개발도상국의 독특한 개발 모델은 중소기업이 성장하기에 가장 적합한 환경을 제공할 수 있는 것으로, 모든 중소기업 기반의 B2B 모델이다. 정보의 시대에 선진국은 개발도상국에 비하여 유연성과 막대한 물량에 더 많은 중점을 두고 자본 집약적인 대규모 사업을 개발하는 경향이 있다. 알리바바의 연간 계약 갱신율은 매년 중소기업의 도산율 15퍼센트라는 사실에도 불구하고, 75퍼센트에 이른다. 계약 갱신은 적어도 살아남는 것을 의미한다.

사례 4 ● 마윈의 꿈과 가치관

마윈이 마윈인 것은 그가 말했던, 전혀 실현될 것 같지 않았던 말들이 훗날 모두 현실로 이루어졌기 때문이다. 마윈은 10년 동안 알리바바(B2B), 타오바오(C2C), 알리페이(Online money transfer) 등 사람들의 일상을 바꾸어 놓는 기업을 세웠고 '인터넷

상인'이라는 새로운 상업군을 만들었다.

가치관은 비즈니스모델보다 오래간다. 마윈은 스타벅스가 실제로 파는 것은 커피가 아니라 문화와 마인드라고 말한다. 알리바바의 임원들은 스타벅스에 견학을 간 적도 있다. 스타벅스는 커피를 통해 그들의 생각과 문화, 그리고 서비스 마인드를 전한다. 이런 문화와 마인드가 강대한 스타벅스를 존재하게 한다. 마윈은 관리, 운영, 상품 등도 모두 중요하지만 눈에 보이지 않는 서비스에 대한 가치관이 가장 중요하다고 말한다.

비즈니스모델과 전략은 중요하지 않다. 경영대학원에서 가르치는 학문들은 이미 성숙된 시장에서는 실용적으로 다가오지만, 새롭게 시작되는 업무분야에서는 전혀 적용되지 않는다.

창조형 기업이 대면해야 할 시장은 미숙한 시장이며 비교수치도 없을 뿐만 아니라 변화도 빠르다. 이러한 경우 창업자의 가치관에 따라 판단해야 한다. 기업의 경영환경은 늘 변화하므로 비즈니스모델도 환경에 따라 변화되어야 하지만, 기업이 가지고 있는 가치관은 변함이 없다. 그래서 기업이 가지고 있는 가치관은 기업의 비즈니스모델보다 더 오래가고 더 큰 힘을 지니고 있다.

마윈은 알리바바를 만들기 전에 이미 전자상거래가 미래의 상업형태에 미칠 영향을 감지했다. 알리바바가 손정의에게 투자를 받기 전 마윈은 팀을 구성하여 미국 실리콘밸리의 40여 개 벤처기업을 방문했지만 모두 거절당했다. 그 뒤 다행히 마윈은 손정의를 만났고 6분 만에 2,000만 달러를 투자 받았다. 손정의는 훗날 마윈의 가치관에 감동하여 투자를 결정했다고 밝혔다.

마윈은 수많은 예를 들어 자신의 가치관에 대해 설명한 적이 있다.

"대부분의 기업인들은 남의 호주머니에 있는 돈 5위안을 어떻게 내 호주머니에 넣을 수 있을지에 대해서만 생각합니다. 하지만 위대한 기업인은 자신이 제공하는 서비스나 제품을 통해 남의 호주머니 속의 돈 5위안을 4~50위안으로 불려주고 그중에서 4~5위안만 자신이 가지겠다고 생각합니다."

이베이(eBay)를 상대로 한 타오바오의 역전승, 알리바바의 야후차이나 매각, 타오바오와 월마트의 전쟁 이 세 가지 사건에서 우리는 마윈의 가치관을 엿볼 수 있다.

알리바바에서 타오바오에 대한 투자를 선포한 후 마윈은 미국에서 여섯 명의 분석전문가와 함께하는 로드쇼에 출연했다. 늘 마윈에 대해 호의적이었던 월스트리트의 분석전문가들은 이 번만큼은 긍정적으로 생각하지 않았다. 여섯 명의 분석전문가 들은 모두 타오바오가 이베이(eBay)에 질 것이라고 내다보았다.

상장회사인 이베이(eBay)와 아직 상장을 하지 않은 알리바바, 영업액 33억 달러의 이베이(eBay)와 영업액 6,800만 달러의 알 리바바, 글로벌 마켓을 장악하고 있는 이베이(eBay)와 주 업무범 위가 중국 내에 한정되어 있는 알리바바, 이것은 마윈의 말대로 라면 코끼리와 개미의 싸움이었다.

〈포브스〉 잡지는 2005년 3월 31일 장문의 보도를 통해 알리 바바, 아니 타오바오의 캐릭터인 '물구나무서기'에 대한 기사와 타오바오 직원들이 물구나무서기를 하고 있는 사진을 실었다.

"저는 이런 방식으로 타오바오의 모든 사람들에게 말해주고 싶었습니다. 이베이는 강하지만 우리가 이길 수 없는 상대는 아 닙니다. 물구나무서기를 하면 세상이 다르게 보입니다."

중국 고유 전통 무술인 우슈 애호가인 마윈은 평소에 물구나 무서기를 통해 세상을 뒤집어 보는 연습을 한다고 한다. 물구나

무서기와 함께 타오바오의 또 다른 마스코트는 개미이다. 마윈은 일개미를 예로 들어 타오바오를 세상에 알렸다.

전문가들의 예상과 달리 중국 내에서 타오바오의 열기는 이베이보다 뜨거웠다. 마윈의 말을 빌리자면 다음과 같다.

"이베이는 큰 바닷속의 상어요, 타오바오는 장강의 악어와 같았습니다. 큰 바닷속에서 만났더라면 절대 이길 수 없는 게임이었겠지만 강물에서 만났으니 이길 수밖에 없었습니다."

마윈은 타오바오가 언젠가는 이베이에 완승할 것이라고 확신했다.

알리바바가 야후차이나를 매각할 때 마윈은 서로에게 도움이 될 수 있기를 희망했다. 그러나 그 결과는 많은 아쉬움을 남겼다. 야후차이나는 마윈의 가장 큰 실패작이 되었다. 그러나 반대로 야후의 최고경영자인 제리 양에게 있어서 이것은 가장 성공적인 한 수였다.

구글과 인터넷 애플리케이션에 의해 설 자리를 잃은 야후는 이미 저물어가는 '영웅'이다. 홍콩의 어느 분석전문가에 의하면 글로벌 야후 수입의 85퍼센트는 알리바바의 지분과 야후재팬에서 나온다고 한다. 그래서 5년 전 알리바바와 야후의 합작에서 제리 양이 손해를 입었다고 생각했을지 모르지만, 오늘날에 다시 생각해 보면 알리바바와의 합작이야말로 제리 양의 인생에서 가장 정확한 판단이었을지도 모른다.

알리바바는 놀랍게도 타오바오에 50억 위안을 투자했고 '타오바오 전략'이라는 이름의 프로젝트를 진행했다. 타오바오는 유저들에게 사용료를 받지 않지만 해마다 광고료로만 약 2억 위안 이상을 벌어들였다.

3

발상의 전환에서 비롯된 통찰력

마윈이 말해 주는 돈 버는 비밀

중국 송나라 때 선종대사인 청원행사(青原行思)가 말했다.

"참선의 첫 단계는 산을 보면 산이고 물을 보면 물이나, 선을 터득해 갈 때는 산을 보면 산이 아니요, 물을 봐도 물이 아니다. 또한 선을 철저히 터득했을 때에는 산을 봐도 산이고 물을 봐도 물이다."

마윈은 현실적인 사람이다. 그는 웹사이트를 관찰할 때 비즈니스의 본질에 대해 통찰하며 비즈니스맨들의 수요를 파악한다. 산을 봐도 산이고 문제와 기본에 집중한다.

마윈은 명문대를 나오지도 않았고 기술을 가지고 있는 것도 아니며 컴퓨터에 대해서도 잘 모른다. 인터넷의 기본 이론도 모르는 그였지만, 이러한 요소들이 오히려 그가 우위를 점하는 데 도움이 되었다.

영어를 잘하는 그는 인터넷 발전의 초기단계에 글로벌 안목을 갖추었으며, 어릴 적부터 독립적인 사고를 갖추었고, 사업에 대한 상식을 익혔으며, 컴퓨터 기술을 몰랐기에 공학도들이 자주 범하는 기술적인 면에서의 외고집을 버릴 수 있게 되었다. 그는 실무적인 일은 팀에 맡기고, 영어를 잘하는 자신의 장점을 살려 전 세계를 다니며 다양한 사람들과 교류하고 정보를 얻었다. 이를 통해 풍부한 경험을 쌓으며 시장을 관찰하는 통찰력과 전략을 세울 수 있는 능력을 가지게 되었다.

사례 1 ● 남의 말에 흔들리지 않는 지혜

1978년, 항저우는 개혁개방 이후 첫 번째로 외국인 관광객들을 맞이하였다. 당시는 노랑머리의 외국인만 봐도 신기했던 시절이었다.

매일 새벽 다섯 시가 되면 샹그릴라 호텔 문 앞에는 열두어 살쯤 된 남자아이가 와서 외국인을 기다렸다. 45분 동안 자전거를 타고 온 남자아이는 외국인 관광객들에게 무료 가이드를 해주려고 기다리고 있었다. 무료 가이드였지만 그 남자아이에게는 영어 회화 실력을 쌓을 수 있는 절호의 기회였다. 남자아이는 자전거의 뒷자리에 외국인을 태우고 시후 등 여러 관광지를 다니며 가이드를 해주면서 영어 회화 연습을 했다.

두 번째로 항저우에 온 한 외국인은 첫 번째 방문 때 만난 그 남자아이를 또 만났다. 외국인이 반가워하며 말했다.

"너 아직도 여기에 있니? 앞으로 큰일을 해낼 애구나."

1985년 가이드를 해주면서 인연을 맺은 어느 오스트레일리아의 관광객이 자기 나라로 마윈을 초대했다. 마윈은 그해 7월 오스트레일리아에 가서 약 31일 동안 머물렀다. 그동안 마윈은 세상에서 중국이 가장 부유하고 가장 행복한 나라인 줄로만 알았다. 오스트레일리아에 도착한 마윈은 그것이 사실이 아니라는 것을 알았다. 이제껏 자신이 얼마나 많은 고정관념들 속에 둘러싸여 살아왔는지 느꼈다. 자신이 알고 있는 것이 세상의 전부가 아니라는 것을 깨달았다.

대학을 졸업한 후 마윈은 항저우 전자과학기술대학에서 영어 교사로 일했다. 교단 위의 마윈은 열정이 넘쳤고 듣는 사람들을 감동시켰다. 그의 수업은 항상 인기가 좋았다. 학생들은 강의를 듣는다기보다 마치 '쇼'를 보는 것 같았다고 말한다. 영어의 기초가 약했던 학생들도 그의 강의를 들으면서 입만 열면 영어가 쏟아져 나오는 신동으로 변했다. 마윈이 오늘날 가지고 있는 말재주 역시 그 '쇼'의 세월 속에서 익힌 것이다.

어떤 사람들은 마윈은 사람을 잘 낚는다고 말한다. 하지만 마윈의 가장 큰 재주는 사람을 잘 낚는 것이 아니라 웬만한 감언이설에 흔들리지 않는 데 있다. 알리바바는 초창기에는 큰 BBS(전자 게시판) 형태였다. 마윈이 BBS를 고집한 이유는 '정보를 올리고 카테고리만 잘 분류하면 된다.'라고 생각했기 때문이다. 주위에서 다른 사람이 어떤 말을 하든 마윈은 자신의 결정을 바꾸지 않았다.

"알리바바의 고객은 인터넷을 잘할 줄 모르는 상인들이므로 단순하게 만들어야 한다."

결국 마윈은 자신의 생각이 맞다는 것을 증명해냈다. 남의 말에 흔들리지 않는 데에는 지혜가 필요하다.

세계경제포럼 연차 총회에서 다른 참석자들과 함께 토론하고 있는 마윈
▷출처: Wikimedia Commons

마윈은 지혜로운 사람이다. 그리고 그는 시장에 대한 통찰력

이 있고 글로벌 안목을 갖춘 사람이다. 마윈은 오래전부터 국제

적인 시각으로 문제를 바라보았다.

"제가 이 회사를 계속해서 이끌어 나가려면 끊임없이 공부해야 합니다. 빌 게이츠를 만나고 버핏의 생각을 이해하고 잭 웰치를 배워야 합니다."

글로벌 시야를 갖추고 환경의 변화에 민감한 마윈은 세계적인 유명 인사들과의 교류를 계속 시도하고 있다. 마윈의 뛰어난 언어능력과 서양 문화에 대한 깊은 이해는 그가 국제 무대에서 활약하는 데 큰 도움이 되었다.

2001년 1월, 세계경제포럼은 미래를 선도하는 100명의 리더 중 한 명으로 마윈을 선정했다. 이때부터 마윈은 해마다 세계경제포럼에 참석하게 된다.

세계경제포럼에 참석한 마윈은 어느 날 아침, 산책을 하러 가다가 옆방 문 앞에 경호원 두 명이 서 있는 것을 발견했다. 마윈은 자신도 모르게 옆방을 기웃거리다가 그 방에 말레이시아 총리인 마하티르가 투숙하고 있다는 것을 알게 되었다. 세계경제포럼이 열리는 스위스의 다보스는 포럼 기간 동안 화장실에서 조지 소로스를 만나고, 길을 가다가 빌 게이츠를 만나는 일이다반사였다. 마윈은 언젠가 항저우도 다보스와 같은 도시가 되기를 바랐다.

마윈은 실용주의 비즈니스맨이다. 그는 GE의 경영시스템을 배웠고 2001년 GE 관리팀의 관밍성(關明生)을 최고운영책임자(COO)로 초빙하였으며 월마트의 글로벌 부회장인 추이런푸(崔仁輔)도 영입했다. 2007년, 마윈은 그룹 내에 공산당에서 배운 관리법을 바탕으로 조직부를 세워 알리바바의 80여 명의 관리자들을 통합 관리하였다. 이처럼 마윈은 타인의 경험을 통해 지혜를 얻고 그 경험을 뒤집어 자신의 것으로 만들기를 잘한다.

다음은 젊은이들을 관찰하고 이해하기 위해 노력하며 그들의 경험을 통해 지혜를 얻는 마윈의 말이다.

"타오바오의 대부분 소비자는 젊은 계층입니다. 그들은 현재 수입이 낮은 사람들이지만 10년 뒤면 중국을 이끄는 화이트칼라, 골드칼라, 또는 지도자로 성장할 것입니다. 저는 지금 많은 시간을 들여 젊은 소비자를 키우고 있습니다. 미래의 중국경제는 그들의 손에 달려 있습니다. 저는 젊은 사람들이 무엇에 관심을 갖는지 유심히 관찰합니다. 제가 화이브라더스(華誼兄弟) 엔터테인먼트에 투자한 것도 바로 이러한 이유 때문입니다. 저는 가끔씩 젊은이들의 말을 이해하지 못할 때가 있습니다. 영화를 보고 검색을 한 뒤에야 그들이 무슨 말을 했는지 알게 됩니다. 예를 들어 얼마 전에 타오바오에서는 노아의 방주 티켓이 불티나게 팔렸는데, 영화 〈2012〉를 보지 않고서는 그것이 무엇인지, 젊은이들이 그것을 왜 사는지 절대 이해하기 어렵지요."

여기에서 중요한 것은 그의 통찰력과 관찰력이다. 그는 사실, 세부 사항 및 트렌드에 초점을 맞춘 후 사람들에게 예리한 방식으로 표현한다. 혁신의 지혜는 예리한 관찰에서 비롯되고, 관찰력은 독립적인 사고, 글로벌 엘리트와의 소통을 통하여 얻은 글로벌 비전과 고품질의 정보를 전제로 한다.

사례 2 ● 타오바오의 위기관리

중국 C2C 시장의 대표주자인 타오바오는 5년 전부터 마윈의 통찰력으로 만들어낸 '타오바오 전략'을 세웠다.

2008년 9월, 알리바바는 타오바오 전략을 발표했다. 지속적으로 무료 서비스를 진행함과 동시에 온라인 광고 사이트 알리마마와 타오바오를 합병하여 5년 내에 50억 위안을 투자할 것이라는 내용이었다.

타오바오 전략에 대해 마윈은 다음과 같이 말했다.

"타오바오 전략이란 타오바오는 전자상거래의 기본적인 서비스인 '물, 전기, 가스'를 제공하겠다는 것입니다. 이것은 마치 지방에서 투자유치를 할 때 우선적으로 인프라 서비스를 제공하고 좋은 주거환경을 만들어 놓아 우수한 기업을 유치하여 지역을 번영시키는 것과 같은 것입니다."

타오바오가 말하는 '인프라 서비스'란 고객에게 타오바오 플랫폼 내에 결제, 영업, 물류 및 기타 기술적인 서비스를 제공하여 소상인들도 성숙된 시스템 속에서 최저의 비용으로 최고의 효율을 낼 수 있도록 돕는 것을 의미한다.

실제로 타오바오는 지속적으로 흑자를 내지 못한다는 평가를 받고 있다. 특히 2008년 금융위기 이후 B2B, 수출무역의 하락으로 알리바바도 전체적으로 영향을 받게 되었다. 마윈은 비록 타오바오를 통해 돈을 벌지 않겠다고 공언했지만, 막대한 자본의 지원 없이 타오바오를 운영해 나가기란 결코 쉽지 않았다. 그

때 마침 중국정부가 경기부양정책으로 내수시장을 자극하기 시작했다. 마윈은 또다시 시장에 대한 날카로운 통찰력으로 경영의 중심을 알리바바에서 타오바오로 옮겼다. 중국의 내수시장은 어마어마한 크기로 성장한데다 마윈은 7년 동안 이미 알리바바를 통해 온라인 운영 경험을 키워왔다. 따라서 마윈은 이제 타오바오를 주요 전선에 내보낼 시기가 왔다고 판단한 것이다. 내우외환의 시기에 타오바오가 생존하려면 마윈의 '타오바오 전략'이 필요했다.

새로운 시장 환경 속에서 타오바오는 여러 가지 면에서 도전을 받고 있었다. 마윈은 우선 타오바오의 전체적인 이미지 향상에 노력을 기울였다. 자원을 통합하고 효율을 높였으며 타오바오의 검색 시스템을 개선하였다. 이러한 전략을 거쳐 타오바오는 신뢰성 있고 경쟁력을 갖춘 플랫폼으로 거듭났으며 기존의 값싼 저가 이미지를 바꾸었다.

'타오바오 전략'은 알리바바 그룹의 자원적 우세를 타오바오에 집중하여 경쟁력을 갖춘 새로운 알리바바(타오바오)를 만들었다. 그럼으로써 기업의 경쟁력을 높이고 내우외환의 시기를 잘

넘기도록 했다. 마윈은 '타오바오 전략'을 통해 이 세상에는 해낼 수 없는 비즈니스가 없으며 어떤 물건도 타오바오에서 팔 수 있다는 것을 보여주었다.

사례 3 ● 오픈과 차단

2008년 9월, 타오바오는 바이두(百度, 중국 최대 검색엔진)에서의 검색을 차단했다. 고객들이 검색엔진의 순위를 통해 노출됨으로써 소비자의 이익에 영향을 줄 수 있다는 이유였다. 중국의 네티즌들은 이 일에 대하여 모두 놀라움을 금치 못했다.

바이두의 검색엔진 순위는 가장 돈이 되는 상품으로 알리바바 사이트 내의 순위에 영향을 줄 뿐만 아니라 사이트 내 광고에도 영향을 주었다. 하지만 마윈은 실제로 바이두 검색을 통해 타오바오를 찾는 방문객은 많지 않으므로 외부의 영향을 일찌감치 차단하는 것이 타오바오 플랫폼을 견고하게 다지는 데 유리하다고 판단했다.

타오바오, 텅쉰(腾讯), 바이두는 중국의 3대 온라인기업으로서로 간의 경쟁이 상당히 치열하다. 타오바오는 〈타오바오천하〉

● 바이두와 리옌훙

바이두는 중국 최대 검색엔진 기업으로 알리바바, 텐센트와 함께 중국의 3대 IT 기업으로 꼽힌다. 한때는 구글의 짝퉁이라는 불명예스러운 이름으로 불리기도 했지만 지금은 어마어마한 정보량을 자랑하며 인기 있는 검색엔진의 하나로 자리를 잡았다. 바이두의 성공 뒤에는 공동 설립자 리옌훙이 있다. 가난한 공장 노동자 부모 밑에서 태어난 그는 열심히 공부하고 노력한 결과, 자신의 운명을 개척하여 인터넷 업계의 거물이자 세계적인 부호가 되었다.

중국의 검색엔진인 바이두(百度)를 설립했고 현재 바이두의 CEO를 맡고 있는 리옌훙. 매력적인 외모가 돋보인다.

마윈, 역발상의 지혜

중국 최대 검색엔진 바이두의 화면

라는 잡지를 펴내고, CCTV, 후난 TV(湖南) 등과 같은 방송국과 합작하여 끊임없이 플랫폼을 넓히고 영향력을 높여 유저와 소비자, 상품 간의 연결을 통해 이익을 창출해 냈다.

2010년 3월, 타오바오는 전 세계에 타오바오의 정보를 공개한다고 밝혔다. 정보가 공개된다면 기업과 소비자들은 타오바오를 통해 업계 내의 거시적 현황과 자기 브랜드의 시장현황, 소비자 행위 등을 관찰할 수 있게 된다. 그리고 기타 연구기구와의 합작을 통해 고객은 연구기구의 조사 서비스를 받을 수 있으며 타오바오의 정보를 기초로 서비스를 개선함으로써 영업액을 높일 수 있다.

인터넷 운영자라면 정보 공개가 얼마나 중요한 일인지를 잘 알고 있을 것이다. 대부분의 인터넷 운영자들이 정보를 핵심적인 상업비밀로만 생각할 때 마윈은 정보를 공개함으로써 그 속에서 또 다른 기회를 엿보았다. 이것은 전자상거래에 큰 폭풍을 몰고 온 이슈가 되었다.

다른 측면에서 보면 정보 공개는 더욱 많은 고객을 끌어모을 수 있다는 장점이 있다. 많은 고객들은 타오바오에서 무엇을 팔아야 할지 잘 모른다. 이럴 경우 공개된 정보를 참고하여 판매할 제품을 결정할 수 있고, 소비자의 방문기록을 통해 자신의 가게(샵)와 제품을 업그레이드할 수 있다. 이것은 더 투명하고 건강하게 사이트를 운영할 수 있는 방법 중의 하나가 된다.

소비자의 측면에서 볼 때 정보 공개는 더없이 고마운 일로, 소비자는 타오바오를 더욱 신뢰하게 되어 방문율을 높일 수 있다. 마윈은 말한다.

"나는 기술적인 부분에 대해 잘 모르지만 장사할 줄은 압니다. 만약 내일 인터넷보다 더욱 나은 방법이 나타나 사업이 더욱 활발하게 이루어질 수 있다면 저는 바로 그 방법을 사용하겠습니다."

마윈은 상술에 뛰어난 사람으로, 자신의 상술을 서비스로 제공하여 수천만 명의 상인들이 이익을 얻게 만들었다. 인터넷 시대에 정보 공개 또는 자원 공유, 질서 확립 등 그 어떤 방법을 통해서든 타오바오는 고객을 위해 전통시장에 맞설 수 있는 경쟁력을 만들어주어야 했다. 그러나 전자상거래는 아직 '저가상품'의 플랫폼으로 초기 단계에 있으며 우위를 점하고 있지 않았다.

정보 공개의 또 다른 이유는 글로벌 유통의 대표주자인 월마트가 중국과 일본에서 전자상거래 분야로 확장할 조짐을 보였기 때문이다. 월마트는 인력 초빙 광고를 통해 많은 전자상거래 관련 인재를 모으고 있었다. 월마트가 중국의 온라인에 진출하게 되면 타오바오는 작지 않은 타격을 받을 것이다. 그렇다면 타오바오는 무엇을 경쟁력으로 삼아야 할까? 마윈은 이런 문제 해결의 관건을 바라보는 시각으로 중소기업 고객과 정보 분석 기구를 통합하여 월마트에 대적했다.

개방과 공개는 인터넷의 우수한 자원을 흡수하여 자신의 것으로 만들어 자신만의 규칙을 만들기 위한 것이다. 애플이나 페이스북이 증명한 바와 같이 자신의 플랫폼이 기타 서비스와 긴밀하게 연동될수록 유저들의 만족도가 높아지며 유저들이 사이트 내에 머무르는 시간도 더욱 길어지게 된다.

　　오늘날 타오바오는 약 2억 명의 회원을 보유하고 있으며 천억 위안 이상의 교역금액을 창출하고 있다. 그 과정에서 분, 초로 나뉘는 구체적인 소비자 방문 이력 정보와 방문자들의 소비행위에 관련된 정보는 타오바오의 가장 큰 자산이다. 마윈은 타오바오의 이익창출에 관심이 없다고 말하지만 타오바오는 많은 일을 해냈다. 타오바오는 그동안 무료 서비스를 제공하면서도 방대한 소비자를 확보하여 정보를 얻어냈고, 그 정보들은 고객의 만족도를 높여주었을 뿐만 아니라 타오바오만의 경쟁력을 만들어냈다.

마윈, 역발상의 지혜

4

발상의 전환은 새로운 창조

　발상의 전환은 새로운 창조를 의미한다. 이것은 즐겁고, 순리를 따르듯 자연스러운 일이며, 새로운 규칙을 만드는 게임이다. 차이나페이지에서 알리바바, 타오바오에서 알리페이에 이르는 단계별의 창조는 모두 역발상의 결과이고, 상식을 기본으로 그린 청사진이며, 막강한 시스템과 위기의식을 바탕으로 천신만고 끝에 얻어진 위대한 역발상의 꽃이다.

　마윈은 끊임없이 새로운 변화를 추구한다. 마윈은 공개석상에서 스티브 잡스가 되고 싶다고 말한 적이 있다. 오늘날 많은 기업에서 애플을 배우고 따라하고 있으며 애플의 추종자들은 밤을 새며 줄을 서서 애플 제품을 사들이고 있으며 스티브 잡스의 말에 귀를 기울였다. 스티브 잡스는 "세상을 바꾸기 위해 살아간다(To Live is to Change the World)."라고 말했다. 마윈도 바로 그런 삶을 살아온 사람이다.

사례 1 ● 마윈이 영화를 만든다

마윈은 사람들의 주목을 끌 줄 안다. 마치 어두운 밤하늘에 가장 빛나는 별처럼 반짝반짝 빛을 낼 줄 안다. 2009년 9월 28일, 화이브라더스는 중국 내 첫 번째 상장 엔터테인먼트 회사가 되었다. 중국 내 첫 상장 엔터테인먼트 회사로서 화이브라더스는 많은 사람의 주목을 받으며 투자자들 사이에서 인기를 모았다. 알리바바 그룹의 회장인 마윈은 투자를 통해 화이브라더스의 10.97퍼센트의 지분을 확보함으로써 스포트라이트를 받게 되었다.

하지만 마윈은 스포트라이트를 받는 것만으로는 부족했다. 더 적극적으로 사람들의 주목을 끌어야 했다.

"주변 사람들은 돈을 불쏘시개처럼 태우는 일이라고 했지만, 저는 무의식 속에서 사람들에게 잊히는 것이 두려웠습니다. 잊히는 것은 투자자들에게 잊히거나 언론에 잊히는 것도 있지만 고객에게 잊히는 것도 있습니다. 절대 고객에게 잊혀서는 안 됩니다. 잊히지 않으려면 3개월 또는 반년에 한 번씩 나와서 쇼를 해주어야 합니다."

많은 기업에서는 이미 광고를 믿지 않는다. 소비자들 역시 광고를 믿지 않는다. 단지 그것을 대신할 수 있는 무기를 발견하지 못했기 때문에 광고 효과가 기대에 못 미치는 것을 알면서도 광고에 의존할 수밖에 없다. 마윈은 새로운 '쇼'를 통해 자신을 알리고 자사를 홍보하여 새로운 홍보마케팅의 예를 보여주었다.

사례 2 ● 남다른 매거진 〈타오바오천하〉

2009년 4월, 저장일보 그룹(浙報集團)의 사장이자 저장전매 그룹(浙工傳媒集團)의 회장인 까오하이하오(高海浩)는 미국에서 갓 귀국한 마윈과 식사를 같이 하게 되었다. 식사 중 그는 마윈과 알리바바의 관리자들에게 물었다.

"인터넷이 오늘까지 발전해왔지만 왜 아직까지 전 세계에 전통 언론사와 인터넷 합작의 성공사례가 없나요?"

이 물음과 함께 〈타오바오천하〉가 탄생되었다.

인터넷을 대표로 하는 새로운 기술은 전통언론매체가 직시하고 적극적으로 참여해야 할 부분이다. 하지만 현재 전통매체에서 만들고 있는 이북(e-book)이나 인터넷판은 모두 종이매체의 콘텐츠를 온라인매체로 전환한 것이었다. 이것은 매우 수동적인 방법으로, 대부분은 고작 종이 인쇄부수를 줄이는 효과만 가져왔을 뿐, 실질적인 이익을 남기지 못하는 상황이었다.

까오하이하오가 마윈에게 제안했다.

"우리 합작을 통해 새로운 시스템을 만들어 봅시다. 단기간 내의 돈벌이가 아닌 장기적인 사업으로 만들어 봅시다."

"좋습니다. 하지만 발상의 전환이 필요합니다."

마윈이 즉시 대답했다.

기본적인 원칙을 어기지 않는 선에서는 어떤 발상이든 상관없었다. 두 사람은 그 자리에서 일을 추진하기로 했다. 이렇게 저장일보 그룹과 알리바바의 합작을 통해 만들어진 온·오프라인 플랫폼 기반의 매거진이 바로 〈타오바오천하〉이다.

타오바오는 1억 명 이상의 15~30세의 젊은 유저들을 확보하고 있다. 이들은 한편으로 전통매체가 잃어가고 있는 독자층이었다. 타오바오는 이 유저들을 분류하고 통계수치에 따라 고객에게 알맞은 오프라인 정보를 제공할 필요가 있었다.

6월 6일, 저장일보 그룹과 알리바바는 정식 계약을 체결하고 〈타오바오천하〉의 발행을 결정했다. 그리고 5,000만 위안의 투자자금으로 타오바오천하 전매유한회사(淘宝天下傳媒有限公司)를 설립했다. 저장일보 그룹은 51퍼센트의 지분을, 알리바바 산하의 타오바오가 49퍼센트의 지분을 소유했다. 저장일보는 산하의 〈시티호라이즌〉 잡지를 〈타오바오천하〉로 바꿔 타오바오의 오프라인 잡지를 만들기 시작했다. 인터넷 사이트의 방대하고 복잡한 정보들을 정리하고 선별하여 인쇄판 '타오바오'에 실어 인터넷을 할 시간이 없는 독자들에게 배포했다.

까오하이하오와 마윈은 타오바오에서 발행하는 잡지를 새로운 발행 시스템과 광고 시스템으로 운영하기 시작했다. 그들은 타오바오와 합작관계를 맺고 있는 물류회사와의 논의를 거쳐 〈타오바오천하〉를 직접 배포하기로 결정했다.

9월 10일, 알리바바 설립 10주년이 되는 날, 〈타오바오천하〉

의 창간호가 타오바오 사이트에서 정식으로 판매되었다. 수많은 독자들의 성원 속에서 8만 부에 달하는 〈타오바오천하〉 제1호가 저장일보에서 출발하여 전국에 배포되었다.

까오하이하오는 오랜 시간 동안 많은 신문과 잡지를 만들어 왔지만 이렇게 신기한 광경은 처음 본다고 말했다. 몇 초 만에 10부가 팔리고 또 몇 초 지나면 5부가 팔렸다. 순식간에 구독자들이 몰려 알리페이를 통해 돈을 바로 지불하면서 서버가 마비될 뻔했다.

중국 온라인 결제 사이트 알리페이의 화면

마윈, 역발상의 지혜

많은 인력이 모여 3개월 동안의 기획 기간 동안 4번의 연구 회의를 거쳐 잡지의 개발 방향과 시스템, 운영팀에 대해 연구했다. 저장일보 그룹은 가장 우수한 편집팀을 구성했고, 타오바오는 부회장이 직접 경영팀과 기술팀을 모았다. 그들의 목표는 빠른 시간 내에 전통매체와는 전혀 다른, 온·오프라인이 결합할 수 있는 새로운 시스템을 만드는 것이었다.

〈타오바오천하〉를 지원하기 위하여 알리바바는 추가로 2억 위안을 투자하여 백그라운드 시스템을 개선했다. 새로운 잡지를 만들기 위한 목적도 있었지만, 타오바오의 백그라운드 시스템을 기반으로 새로운 광고 시스템을 운영해 나가기 위한 목적도 있었다.

〈타오바오천하〉가 발행된 후 잡지에 실린 상품은 클릭 수가 급격히 상승하기 시작했다. 하지만 어떤 독자층이 〈타오바오천하〉를 통해 접근했는지는 알 수 없었다. 또한 타오바오의 대부분 가게(샵)에서는 10만 위안 이상의 광고비를 지불할 능력이 없었으며 광고비를 부담할 수 있는 대기업이라 할지라도 구체적인 광고효과를 확인할 수 없었다.

이에 타오바오천하는 새로운 전략을 실시했다. 또다시 '무료'라는 깃발을 치켜든 것이다. 광고를 주요 수입원으로 하는 잡지에서 광고를 무료로 실어 준다고? 말도 안 되는 일이라고도 할 수 있지만 타오바오는 그 속에 또 다른 무기인 '타오코드'를 심었다.

12월부터 〈타오바오천하〉 팀은 새로운 광고 시스템인 '타오코드'를 론칭했다. 원가가 10만 8천 위안이었던 광고는 초기 게재단가가 1,000위안으로 바뀌었다. 이것은 거의 무료나 마찬가지였다. 하지만 광고마다 '타오코드'를 부착했다. 만약 독자가 광고를 보고 코드스캔을 통해 제품 가게를 방문한다면 타오바오는 백그라운드 정보를 통해 광고주로부터 2차 홍보비를 받으며, 독자가 물건을 사게 될 경우 타오바오는 다시 3차 홍보비를 받는다.

〈타오바오천하〉는 7월 개편을 거쳐 8월 말, 56일 만에 5,400만 위안의 광고이익을 창출하였고, 30만 부 이상을 발행하여 중국 내에서 발행부수가 가장 많은 잡지로 등극했다.

30만 부의 잡지 중 절반 이상은 타오바오 회원 가게에서 발행

되었다. 〈타오바오천하〉는 잡지사, 고객, 소비자 사이의 미묘한 관계를 충족시켜 주었다. 회원 가게는 대량의 잡지를 구독하여 소비자에게 제공하였고, 잡지 콘텐츠는 소비자의 구매욕구를 향상시켰으며, 소비자는 다시 제품 판매량을 높여주어 회원 가게의 잡지 구독을 늘렸다.

〈타오바오천하〉는 이전의 '콘텐츠 – 발행 – 이윤'이라는 전통적인 운영방식을 버리고 '발행 – 이윤 – 콘텐츠'라는 새로운 시스템을 만들어냈다.

사례 3 ● 마윈의 미국 진출

1995년, 마윈은 실리콘밸리에서 인터넷 영역으로의 진출 기회를 엿보았다. 그로부터 15년 후 마윈은 중국이라는 기회를 미국에 가져다주고 싶었다.

마윈은 일찍이 미국시장을 개척하는 데 실패한 적이 있다. 그러나 미국에 진출하여 국제적인 비즈니스를 하려는 생각을 포기한 적은 없다. 영화배우 아널드 슈워제네거는 어느 전자상거래 포럼에서 미국 캘리포니아에서 이룬 알리바바의 발전에 대해 이야기하면서 알리바바는 캘리포니아에 이미 2만 개의 취업기회를 창출했다고 말했다.

"예전에 사람들은 알리바바를 중국의 이베이라고 말했지만 우리는 이제 이베이를 미국의 알리바바라고 말한다."

그는 알리바바가 캘리포니아에서 더욱 많은 영역으로 사업을 넓혀가기를 원했다.

미국 진출은 알리바바가 국내시장을 어느 정도 확보한 뒤 시작한 계획이다. 실제로 글로벌 무역의 가장 큰 장애물은 정보가 정확하지 않고 자원 공유가 제때에 되지 않는 데 있다. 오늘날의 무역액은 실제 수요에 훨씬 못 미친다. 수요와 가격은 반비례한다. 가격이 쌀수록 수요는 더욱 많아진다.

인터넷은 이러한 문제를 해결할 수 있다. 사실 실제적인 문제는 기술적인 면이 아닌 언어장벽에 있다. 영어를 하는 많은 사람은 이미 해외 사이트를 통해 직접 물건을 산다. 반대로 마윈이 언어적인 문제를 해결한다면 많은 외국인이 알리바바나 타오바오를 통해 '메이드 인 차이나' 제품을 살 수 있게 된다. 그러면 어마어마한 돈을 벌어들일 수 있을 것이다. 싸고 좋은 제품은 누구나 좋아하기 때문이다.

　그러나 누가 먼저 이 비즈니스를 전략적으로 끌고 나갈 수 있을까? 마윈은 알리바바 창업 초기부터 미국에 가서 전자상거래에 대해 홍보했다. 전자상거래는 공급자와 구매자가 있어야 하는데 둘 중에서 더 중요한 것은 구매자이다. 거대한 구매욕구가 있어야 플랫폼이 운영되기 때문이다. 마윈은 손정의로부터 2,000만 달러를 투자 받았을 때에도 곧바로 해외로 나갔다. 비

알리바바 뉴욕 증시 상장.　　　　　　　　　　　　▷출처: 연합뉴스

록 그때의 계획은 실패했지만 시작은 틀리지 않았다. 다만 시간과 자원이 알맞지 않았고, 알리바바가 확보하고 있는 자금이 많지 않았기 때문이었다. 마윈은 상장 후 기하급수적으로 자본을 모았다. 전 세계의 투자자들이 '알리바바'라는 비즈니스모델을 인정하고 비전이 있다고 판단했기 때문에 가능한 일이었다. 마윈은 금융위기 때 역으로 미국 시장 홍보에 3,000만 달러를 쏟아부었다.

미국 다음은 전 세계로의 확장이다. 중국 내에서 마윈은 마케팅의 귀재로 꼽히지만 미국이나 전 세계에서는 어떠할까? 마윈 자신이 확신한 것처럼 전 세계에 알리바바의 깃발을 꽂을 수 있을지 기대해 본다. 그날이 온다면 그야말로 세상을 깜짝 놀라게 하는 중국기업의 성과일 것이다.

5

높은 효율의 행동력

행동력은 어떻게 약해지는가?

팀의 규모가 커질수록 행동력은 떨어진다. 중국의 경제가 발전하고 규모가 커질수록 기업은 팀의 행동력 향상 방법에 대한 고민에 빠지게 된다. 그에 따라 팀 내의 행동력 향상을 위한 서적들도 심심치 않게 등장한다.

마윈은 손정의와 이 문제에 대해 논의한 적이 있다. 일류의 아이디어와 삼류의 행동력, 삼류의 아이디어와 일류의 행동력 중에 어떤 것이 더 중요한가? 당연히 답은 후자이다. 뛰어난 리더는 실행능력을 중요시한다. 마윈은 알리바바가 '생각만 하는 팀이 아닌 행동력이 뛰어난 팀'이라고 말한 적이 있으며 행동력은 핵심 경쟁력이라고 말한다.

알리바바는 계획해낸 것이 아닌 '지금, 현재, 당장'이 만들어낸 것이다.

마윈은 창업 당시를 회상하며 팀의 행동력에 대하여 다음과 같이 말했다.

"호반화원에 있을 때 우리는 많은 것에 대해 논의했습니다. 어떤 문제에 대하여 논의하다가 서로 의견 다툼을 하다 보면 흥분해서 싸우기도 합니다. 그래서 우리는 '심플하게'라는 가치관을 만들어냈습니다. 당신이 나에게 말할 의견이 있다면 당신은 나를 찾아와서 두어 시간씩 이야기를 나누고 문제를 해결해야 합니다. 그래도 결론이 나지 않으면 한판 싸워서라도 문제를 해결해버리는 것입니다. 당신이 나에게 의견이 있는데 나를 찾지 않고 다른 사람을 찾아 이야기한다면 당신은 이 팀에서 나가야 합니다."

마윈은 다음과 같은 말도 덧붙였다.

"저는 기술적인 부분에 대해서 잘 모릅니다. 그러나 저의 동료들은 모두 세계 정상급 인터넷 전문가들입니다. 그래서 저는 그들을 존중하고 그들의 의견을 듣습니다. 만약 제가 기술에 대해 잘 아는 사람이라면 분명히 이렇게 하면 안 된다, 저렇게 해야 한다면서 기술적인 부분에서 그들과 힘겨루기를 하느라 회사의 경영에 대해서 고민할 겨를이 없었을 것입니다."

마윈은 베이징으로 갈 때 차이나페이지에서 여덟 명의 동료들과 함께 출발했다. 그가 가장 자랑스럽게 생각하는 것은 그 여덟 명 모두 같이 베이징에서 항저우로 돌아왔다는 것이다. 마윈은 창업의 충동을 이기지 못해 돌아왔다고 하지만, 나머지 여덟 명의 선택은 객관적으로 보기에 이해하기 힘들다. 그들은 시나나 야후와 같은 대기업의 높은 연봉의 유혹도 있었을 것이고 '철밥통'이라고 불리는 대외경제 무역부의 기술직 공무원이라는 매력적인 선택의 기회도 있었지만, 그들은 앞날을 장담할 수 없는 마윈을 따라 나섰다.

사례 1 ● 아이디어가 떠오르면 곧바로 움직인다

마윈이 성공할 수 있었던 가장 큰 요인은 그가 천재적인 두뇌를 가졌다거나 애초부터 원대한 목표를 세웠기 때문이 아니다.

그의 가장 큰 성공 요인은 끊임없이 머릿속에 떠오르는 아이디어를 곧바로 실행에 옮긴 것이다.

"저는 일을 할 때 우선 경험을 해보는 것 자체가 성공이라고 생각합니다. 어떤 일을 시도해 보고 안 되면 다시 방향을 돌리면 되지만, 시도조차 해보지 않는다면 밤새 온갖 방법을 연구해보고 난 뒤 아침에 일어나서 원래 가던 길을 계속 가는 것과 같습니다."

마윈은 스스로에 대하여 가장 자부심을 갖는 것이 바로 자신의 용기라고 말한다.

1999년부터 2000년까지 마윈은 전략을 끊임없이 행동으로 옮겼다.

마윈은 전 세계 방방곡곡을 찾아다니며 비즈니스포럼에 참석하여 열정적으로 연설을 했다. 그는 천부적인 화술을 통해 전 세계에 B2B에 대한 아이디어와 알리바바를 홍보했다. 그는 잠시도 쉬지 않는 강연 기계 같았다. 심지어 한 달 동안 유럽에 세 번이나 간 적도 있으며 일주일 동안 일곱 개의 나라를 방문한 적도 있었다. 가는 곳마다 그는 열띤 강연을 펼쳤다. BBC의 생방

송에서, 매사추세츠공과대학에서, 와튼스쿨에서, 하버드에서 강연을 했으며 다보스포럼에서, 아시아비즈니스협회에서 끊임없이 연설을 했다. 중국에서 날아온 몸집이 작고 낯선 이 사나이는 줄기차게 강단에 서서 청중들에게 외쳤다.

"B2B가 몇천만 비즈니스맨들의 비즈니스 패러다임을 바꾸어 놓을 것이며 몇십 억에 달하는 인류의 삶을 바꾸어 놓을 것입니다!"

마윈이 전 세계를 돌아다니는 동안 그의 파트너들도 하루도 쉰 적이 없다. 한동안 그들은 16~18시간 동안 일하며 쉴 새 없이 웹페이지를 디자인하고 새로운 레이아웃을 만들어 냈다. 마윈과 알리바바는 서서히 유럽과 미국에서 명성을 얻게 되고, 해외에서의 클릭 수와 회원 가입 수가 점점 늘어가기 시작했다. 마윈과 알리바바는 〈포브스〉와 〈포춘〉지의 주목을 받게 되었다.

2001년 이후, 알리바바는 오랜 기간 동안 국내에서 잠잠했던 반면에 해외에서의 영향력을 확대해갔다. 2003년 이라크 전쟁 직전, 마윈은 이때가 서방 세계에 영향력을 넓힐 수 있는 최대의 기회라고 생각했다. 그는 미국의 CNBC 방송국에 많은 양의 광고를 내보내기 시작했다.

마윈은 이라크 전쟁이 전 세계의 이목을 끌고 있는 상황에서 유럽은 출병할 미국을 주목하게 될 것이라고 생각했다. 마윈은 이런 지점이 필요했다. 그는 시기적으로도 국내에서의 기본적인 공급 인프라가 갖추어졌다고 판단했다.

알리바바가 대량의 광고를 미국 전역에 내보내고 있을 때 중국 국내에서는 사스가 유행하기 시작했다. 2003년 3월부터 6월까지 약 반년 넘는 기간 동안 중국의 모든 오프라인 상업행위는 마비되다시피 했다. 이것은 전자상거래에 더없이 좋은 기회였으

● 사스와 알리바바

2002년 11월, 중국 남부의 광둥성에서 기침, 호흡장애, 근육통, 발열 등을 일으키는 질병이 갑자기 나타났다. 이 질병은 홍콩을 거쳐 전 세계로 확산되어 2003년 7월까지 계속되면서 약 8,000명을 감염시키고 약 780명을 죽음에 이르게 하였다. 이 질병이 바로 중증급성 호흡기 증후군, 즉 사스(SARS)였다. 이러한 사스는 많은 사람들을 극도의 공포에 떨게 하고 죽게 하는 비극적 결과를 낳았지만 알리바바에게는 더할 나위 없는 호재로 작용했다.

마윈, 역발상의 지혜

며 알리바바는 그 기회를 놓치지 않았다.

알리바바 내부의 통계에 의하면 사스가 유행하던 2003년 상반기 사이트의 회원 가입 수는 50퍼센트 증가했고 방문량은 30퍼센트 증가했다. 쇼핑몰 등 인파가 붐비는 곳을 꺼리는 사람들은 자연스럽게 인터넷 쇼핑을 통해 생필품을 마련하게 된 것이다. 사스는 설립된 지 4년밖에 안 된 알리바바의 성인식과도 같았다. '지금, 현재, 당장'을 외치던 알리바바는 우연한 위기 속에서 기회의 끈을 잡게 되었다.

사례 2 ● 새 시대 기업인의 행동력

마윈의 행동력을 의심하는 사람은 없다. 그는 6분 안에 손정의의 투자를 받아냈고 화장실에 가는 동안 8,200만 달러의 투자를 결정했고 골프를 치다가 야후와 10억 달러의 합작을 이루어냈다.

어린 시절 무술을 배운 적이 있는 마윈은 무협소설 작가 김용(金鏞)의 팬이다. 2000년 7월 29일, 마윈은 포터(Porter)와 함께 홍콩에 출장을 간 적이 있다. 당시 알리바바의 홍보마케팅을 담당했던 포터는 중국어를 완벽하게 구사하는 미국인이었다. 마침 어느 기자가 마윈이 김용의 소설을 좋아한다는 것을 알고 김용과 마윈의 만남을 주선했다. 어린 시절부터 존경하고 흠모하던 작가를 만난 마윈은 매우 흥분해 있었다. 약 3시간 동안 이야기를 나누는 동안 김용은 몇 마디 안 했지만 마윈은 끊임없이 이야기보따리를 풀어놓았다. 이날의 만남 이후 두 사람은 허물없는 친구가 되었다.

몇 주 후, 마윈은 포터에게 전화해서 물었다.

"아이디어가 하나 떠올랐어. 중국 IT 업계의 CEO들은 치열한 경쟁을 하고 있잖아. 김용 선생과 시나, 소호, 왕이, 8848의 CEO들을 한자리에 불러 소설 속의 '화산논검'처럼 '시후논검'을 한번 해보면 어떨까?"

마윈의 말에 포터가 깜짝 놀라며 말했다.

"제정신이세요? 몇몇 CEO들은 사이가 서로 안 좋고 김용 선생도 함부로 모실 수 있는 분이 아니잖아요. 말도 안 되는 얘기는 하지도 마세요."

이렇게 말한 포터는 마윈이 정말 이 일을 추진하리라고는 꿈에도 생각하지 못했다.

다음날, 마윈은 바로 김용에게 전화를 해서 자신의 계획을 밝히며 초청했고, 뜻밖에도 김용은 그의 초청을 흔쾌히 수락했다. 그리고 마윈은 딩레이(丁磊, 중국 포털사이트 NetEase의 CEO)와 왕쥔타오(王俊濤)에게 전화를 걸었다. 모두 김용의 팬이었던 두 사람은 김용이 온다는 말에 곧바로 마윈의 요청을 받아들였다. 그다음 마윈은 장차오양(張朝陽, 중국 최대 포털사이트 SOHU의 CEO)를 설득했고 왕즈둥(王志東, SINA의 창업주)에게도 전화를

● 딩레이와 중국 첫 포털사이트 넷이즈

어린 시절부터 신동으로 유명했던 딩레이는 엔지니어였던 아버지의 영향으로 전자제품에 관심이 많았다. 대학에서 전자과학기술에 대해 공부한 그는 대학을 졸업한 후 2년 동안의 회사생활을 거쳐 1997년 넷이즈를 설립했다. 이 넷이즈가 중국에서 최초로 등장한 포털사이트로 성공을 거두면서 딩레이는 중국 IT 업계의 손꼽히는 인물이 되었다. 넷이즈의 중국어 이름은 '왕이'이다. 넷이즈는 무료 이메일 서비스를 시작으로 검색, 전자상거래 분야로 점점 사업을 확장했고, 요즈음에는 온라인 게임 시장으로 진출하여 좋은 성과를 내고 있다.

넷이즈닷컴의 화면

걸었다. 그들 역시 약간 망설였지만 마윈의 요청을 받아들였다. 며칠 후 왕즈둥에게서 갑자기 전화가 왔다. 일 때문에 행사에 참여하지 못하겠다는 전화였다. 전화를 받은 마윈은 바로 베이징으로 날아가 두 시간 동안 왕즈둥을 설득하여 다시 참석하겠다는 약속을 받아냈다.

2000년 9월 10일, 마윈은 74세의 김용을 모시고 행사를 시작했다. 시나의 왕즈둥, 소후의 장차오양, 왕이의 딩레이, 8848의 왕쥔타오, 그리고 소문을 듣고 달려온 백여 명의 기자들이 시후

마윈, 역발상의 지혜

에 모였다. 김용이 개회사에서 말했다.

"우리는 수천 년 전 강태공이 낚시를 하던 이야기를 잘 알고 있습니다. 그런데 오늘 인터넷의 협객들이 시후에 모여서 그물 (NET)로 물고기를 잡는군요. 모두 즐거운 낚시가 되시기를 바랍니다."

인터넷과 강호의 협객을 하나로 묶은 것은 어쩌면 마윈이 일부러 기획하고 만든 일일지도 모른다. 어쨌든 '시후논검' 이전, 장차오양과 딩레이, 왕즈둥을 중국 인터넷의 3대 검객으로 불렀다면 이날 행사 이후 사람들은 마윈과 왕쥔타오까지 포함하여 5대 인터넷 검객이라고 불렀고 업계 사람들도 그렇게 받아들이기 시작했다. 사실 이때만 해도 알리바바의 인지도는 시나, 소후, 넷이즈, 3대 사이트에 못 미친 상태였다. 그러나 마윈의 시후논검이 성공하면서 자신과 기업의 입지를 높여주는 큰 홍보효과를 거두었다.

리더의 종류는 개인의 남다른 매력으로 다른 사람을 이끄는 공작 같은 스타일과 철저한 지시와 명령으로 이끄는 호랑이 같은 스타일, 두 가지로 나뉜다. 마윈은 전자와 같은 스타일의 리더이다. 기업이 어떤 위기에 놓여도 외부의 유혹이 얼마나 달콤할지라도 그를 따르는 사람들은 그에 대한 믿음을 저버린 적이 없다.

마윈의 리더십은 모두가 인정하는 비전과 끊임없는 격려에서 비롯된다.

마윈의 창업자금 50만 위안은 18명의 호주머니에서 나온 돈이다. 마윈은 자신이 알리바바의 7퍼센트의 지분을 가지고 나머지 65퍼센트를 알리바바의 직원들에게 돌려주었다. 알리바바의 B2B가 론칭된 후 1,000여 명의 직원들은 백만장자가 되었다.

많은 기업은 주주의 권리와 지분에 대해 특별히 신경을 쓴다. 이것은 기업 내의 이익다툼을 유발하면서 기업의 발전을 가로막게 된다. 기업을 경영하는 데에는 지혜가 필요하다.

알리바바는 수많은 비즈니스맨들에게 사업의 기회를 제공해주었고, 마윈 또한 세계인의 삶을 변화시키겠다고 말해왔다. 마윈의 성공은 중국 인터넷의 번성을 이끌었다. 누가 다음 세대의 빌 게이츠가 될 것인가? 보아오 포럼에서 빌 게이츠는 다음 세대의 빌 게이츠는 아시아의 마윈이라고 말한 적이 있다.

마윈은 보잘것없는 청개구리에서 멋진 왕자로 변신했다. 하지만 그는 성공했다고 해서 자만하지 않고 오히려 자신을 낮추어 처신했다. 그럼으로써 마윈은 더욱 매력 넘치는 리더로 평가받고 중국의 새 시대 기업인의 대표적인 인물로 꼽히고 있다. 비바람을 견뎌내고 성공의 궤도에 오른 그는 "마윈이 창업에서 성공을 거둘 수 있다면 80퍼센트 이상의 젊은이들도 얼마든지 성공할 수 있습니다."라고 겸손하게 말한다.

사례 3 ● 적극적으로 먼저 다가가는 용기

빌 게이츠는 마이크로소프트의 면접 때 한 젊은 지원자에게 다음과 같은 질문을 했다.

"후지산을 옮기려면 어떻게 해야 할까요?"

사실 이 문제에는 정답이 없다. 그는 단지 젊은 지원자들의 사고방식이 궁금했을 뿐이다. 답은 매우 간단하다. 후지산이 움직이지 않는다면 내가 가까이 다가가면 된다. 빌 게이츠는 이슬람교의 경전에 전해지는 이야기를 인용하여 답을 제시했다. 상대방이 적극적으로 다가오지 않는다면 내가 적극적으로 다가가면 된다는 것이다.

마윈은 이런 발상의 전환을 잘 실행하는 사람이다. 은행이 변하지 않으면 우리가 은행을 변화시키고 남들이 대기업을 표적으로 한다면 그는 중소기업을 표적으로 한다. 대부분의 IT 기업은 본사를 베이징에 세웠지만 알리바바는 본사를 항저우에 세웠다. 마윈은 없는 것도 만들어낸다. 이상적인 결제 시스템과 신용 시스템이 없었기에 마윈과 그의 팀은 알리페이를 만들어냈다.

인터넷 불황기의 2002년, 알리바바는 '1원만 벌자.'는 구호를 내세웠다. 그리고 일 년도 채 되지 않은 2003년, '하루 백만 원 벌기'라는 목표를 세웠다. 모든 사람이 알리바바가 B2B 분야에서 더 확장될 것이라고 기대하고 있을 때, 그는 타오바오를 세워 C2C의 강자인 이베이와 정면으로 맞섰다. 이베이가 글로벌 주요 사이트와 연합하여 타오바오의 공세를 막자 타오바오는 버스, 지하철, 엘리베이터와 스포츠 경기를 통해 광고를 했고 이베이가 유료 서비스를 시작하자 마윈은 타오바오의 무료 서비스를 선포했다. 같은 해 10월, 알리바바는 온라인 결제 서비스인 알리페이를 론칭하여 타오바오 내 신용결제 시스템을 만들었다.

2007년 11월 6일, 알리바바는 홍콩 증시에 상장되었다. 상장 후 주가가 122퍼센트나 올라 알리바바는 중국 IT 기업 중 첫 번째로 시가 200억 달러가 넘는 기업이 되었다. 또한 16억9천만 달러를 모아 2004년 구글이 상장 후 모은 16억5천만 달러를 넘어 글로벌 IT 기업의 새로운 기록을 세웠다. 창업주 마윈은 알리바바의 주주총회에서 자신은 상징적으로 5퍼센트의 지분만 가지고 나머지는 그룹과 사원들에게 돌려주었다. 창업 초기 "기업 성장의 성과는 직원들과 나누겠다."라는 약속을 지킨 것이다.

차이나페이지를 만들 때 마윈은 CCTV 방송국에서 일하는 판신만(樊馨蔓)을 알게 되었다. 판신만은 마윈이 말하는 인터넷 사업에 대해 잘 몰랐지만 그의 열정에 감동을 받아 그를 위해 〈서생 마윈〉이라는 다큐멘터리를 찍었다. 오늘날 이 다큐멘터리는 소중한 자료로 남아 있다.

화면 속의 마윈은 한 집, 한 집 돌아다니면서 영업을 하였고, 영업 과정에서 문전박대를 받기가 일쑤였다. 화면 속 마윈의 모습은 왜소한 체격에 표정까지 어두워 마치 사기꾼같이 느껴지기도 한다. 마윈은 만나는 사람마다 중국에서 가장 큰 데이터 시스템을 만들고자 하는 자신의 계획을 설명했지만, 상대방은 그의 이야기를 전혀 이해하지 못하는 무표정한 얼굴을 보일 뿐이었다. 다큐멘터리는 마윈이 피곤에 지친 표정으로 버스에 앉아 창밖을 바라보는 모습으로 끝난다. 맨 마지막에 마윈이 무거운 표정으로 말한다.

"앞으로 몇 년만 더 지나면 사람들은 나를 이렇게 대하지 않을 겁니다. 그때가 되면 내가 무엇을 하려고 하는지 알게 될 테니까요. 내가 무엇을 하려고 하는지 알게 될 때면 나는 더 이상 지금처럼 초라하지 않을 겁니다."

한편 차이나페이지는 마윈의 상업적 지혜와 시장에 대한 통찰력을 보여주는 작품으로, 마윈이 중국의 온라인시장을 선점할 수 있는 기반을 마련해주었다. 1995년 상반기부터 1997년 말까지 2년 동안 마윈은 차이나페이지에 온갖 지혜를 동원하고 모든 노력을 기울인 결과, 700만 위안이라는 기적 같은 매출을 달성했다.

1995년 제리 양은 야후를 론칭했고 제프 베저스는 아마존을 만들었다. 만약 마윈이 베이징에서 그의 구상대로 뉴스, 경제,

문화, 스포츠를 카테고리별로 차이나페이지에 담았다면 차이나페이지가 중국의 야후, 또는 중국의 첫 번째 포털사이트가 되지 않았을까? 그랬다면 중국의 포털사이트 론칭을 1998년까지 기다리지 않아도 되었을 것이며 중국 인터넷의 역사는 새롭게 쓰였을 것이다.

차이나페이지는 마윈에게 고난과 시련을 주었지만 한편으로는 마윈에게 이상과 유연성과 강인함을 주었다. 이것은 모두 돈과 지분으로는 살 수 없는 소중한 자산이었다.

마윈이 대외경제 무역부를 떠날 때 그는 시나나 야후와 같은 대기업의 높은 자리도 마다했다. 제리 양이 마윈에게 야후의 CEO를 맡아 달라고 제안했을 때의 일이다. 마윈이 제리 양에게 물었다.

"야후는 무엇을 하고 싶은가요?"

제리 양이 대답했다.

"모든 것을 다하고 싶습니다."

마윈이 다시 말했다.

"이론상으로 당신은 모든 것을 다할 수 있지만 어떤 것도 제대로 할 수 없습니다. 인터넷은 더욱 다원화하면서 발전하게 될 것이므로 종합적인 발전은 어려운 일이지요."

제리 양은 그렇게 생각하지 않는다고 말했다. 그러자 마윈이 덧붙였다.

"인터넷이 인류의 생활에 영향을 미칠 미래의 30년을 3,000미터 달리기경주라고 생각할 때, 미국은 아직 100미터밖에 못 달렸습니다. 아시아는 30미터 달렸고 중국은 5미터 달렸지요. 당신은 지금 야후, 아마존이 일등을 했다고 생각하지만 앞으로 200미터, 300미터 더 달리게 되면 뒤처질지도 모릅니다. 미래의 인터넷과 전자상거래는 지금 우리가 이야기하는 그런 모습이 아닐 겁니다. 마치 100년 전 인류가 전기를 발명했을 때 오늘날 우리가 쓰고 있을 에어컨 따위는 꿈도 못 꾸었던 것처럼요. 당신은 5년 뒤의 전자상거래가 어떤 모습일지 모릅니다. 중국은 지금 첫발을 내디뎠어요. 우린 단지 그 첫 단계의 일을 열심히 했을 뿐입니다."

사례 4 ● 끈기로 이어온 재부

알리바바의 모든 사람은 부자가 되었다. 2007년 9월, 마윈은 5년 이상 근무한 직원 300명을 모아놓고 회의를 열었다. 마윈은 직원들에게 기회가 된다면 알리바바의 지분을 어떻게 하고 싶은 지 물었다. 알리바바의 주가가 이미 많이 올랐다고 생각한 일부 직원들은 팔고 싶다고 대답했다. 이에 마윈이 제안했다.

"현금이라는 것은 가장 가치 없는 것입니다. 주식을 현금으로 바꾼다면 더 좋은 투자가치가 있는 곳을 찾아야 합니다. 사실 지금 우리는 중국의 미래에 투자를 했습니다. 중국의 미래에 가장 비전이 있는 회사의 주식을 가지고 있다는 것은 가장 좋은 투자입니다. 알리바바는 가장 좋은 기업입니다. 저의 제안은 주식을 팔지 말고 계속 손에 쥐고 중국의 미래와 함께 성장하기 바란다는 것입니다."

홍콩 증시 상장 이후 알리바바의 임직원 4,900명은 알리바바닷컴(Alibaba.com)의 4.04억 상장 주식 중 3,919만 주와 25만 주의 제한주식으로 총 4.4억 주, 약 26.32퍼센트의 주식을 가지게 되었다. 알리바바의 B2B와 IPO 분야는 알리바바 직원들을 184

알리바바닷컴의 한글판 화면이다. 가전, 기계, 의복 등 카테고리별로 잘 정리되어 있다.

억 홍콩달러를 가진 부자로 만들어주었다.

마윈은 상장회사의 2,837만주, 알리바바닷컴(Alibaba.com)에서 1.89억 주, 기타 주식 946주로 약 47.64억 달러의 자산 가치를 얻게 되었다. 하지만 그와 알리바바의 최고 경영자 7명의 주식을 모두 합쳐도 그들이 보유한 지분은 상장회사의 12.79퍼센트뿐이었다. 이것은 SNDA 그룹이 상장 후 창업주가 75퍼센트의 지분을 가지고 있던 것, 바이두 상장 후 리엔훙(李彥宏)이 25퍼센트의 지분을 가지고 있던 것과 대조적인 사례이다.

홍콩상장 이후 알리바바의 연합 창업주인 차이충신, CEO 웨이저(卫哲), CFO 우웨이(武卫), 부회장 다이산(戴珊), 전략발전팀 시에스황(谢世煌) 등은 1.4억~23억 홍콩달러에 달하는 자산 가치를 이루었다. 또한 알리바바의 4,900명 임직원들은 모두 200만 홍콩달러의 자산 가치를 얻었는데, 이는 인터넷 IPO 기업에서는 전례가 없던 일이다.

한 투자기구의 분석에 따르면 알리바바 IPO는 중국 온라인 기업의 부호군을 이루었다고 평가했다. 그들 중에는 20명의 억만장자가 있는데 마윈과 함께 창업을 시작한 '18나한'과 그 뒤를 이은 관리자들, 알리바바 그룹 산하의 많은 관리층들이 모두 천만부호 행렬에 가담했다고 한다.

알리바바의 직원들은 마윈 회장에 대하여 너그럽고 은혜를 갚을 줄 아는 사람이라고 평가한다. 이러한 평가는 주식상장을 통해 그대로 드러난다. 그를 따르고 함께 동고동락해온 사람들은 모두 보답을 받았다.

"때로는 바보처럼 믿고 기다리며 끈기로 버텨온 사람들이 재부를 창조합니다. 총명한 사람들이 때로 성공을 이루지 못하는 이유 중의 하나지요."

마윈은 지난날을 회상하며 창업 초기 알리바바는 사람이 절실히 필요했다고 밝혔다. 길을 가다 숨만 쉬는 사람이면 끌어오고 싶은 심정이었다고 말할 정도였다. 1999년 인터넷 사업이 불황일 때 많은 사람이 그를 떠났고 남은 사람들도 마윈의 뜻으로 남은 것은 아니었다. 마윈은 가끔 장난기 섞인 투로 다음과 같이 말하기도 한다.

"남아 있는 사람들이 미래를 잘 내다보았다고는 생각하지 마십시오, 알리바바를 떠나면 어디로 가야 할지 모르는 사람들이 할 수 없이 남아 있었을지도 모르잖아요."

6

발상의 전환에는
위기의식이 필요하다

위기의식은 진보의 원천이며 개인성장의 동력이다. 위기의식
이 없는 사람은 현실에 안주하게 된다. 진보하지 않는다면 도태
된다. 마윈은 위기의식이 넘치는 사람이다. 소프트뱅크의 투자
를 받을 때 손정의가 제시한 3,500만 달러를 거절하고 2,000만
달러만 받은 일도 마윈의 위기의식에서 비롯된다. 오늘의 알리
바바는 수억의 가치를 가진 기업이지만 민영기업으로서 시시각
각 새로운 도전을 맞이해야 한다.

기업은 늘 위기의식을 가져야 한다. 일본의 파나소닉사는 사
내에 타이타닉호가 빙산에 부딪히는 그림을 걸어두어 직원들에

게 위기의식을 느끼도록 한다. '안거위사'라는 말처럼 편안한 때일수록 위험을 잊지 않아야 하는데 특별히 중국의 국정은 더욱 그러하다. 마윈은 자신이 했던 말대로 102년의 기업을 만들 수 있을까? 알리바바는 고작 17년 된 기업이다. 기업은 규모가 커질수록 더욱더 실수를 범해서는 안 된다. 어느 날 알리바바가 없어지면 수많은 중소기업도 같이 파산할 것이며 수천만 명의 생계에 영향을 미치게 될 것이다. 따라서 알리바바는 시시각각 위기의식을 가져야 한다.

사례 1 ● 위기가 왔을 때 돈을 쓰자

"돈을 씁시다!! 소비합시다!!!"

이것은 2009년 1월 20일 알리바바의 회장 마윈이 전 사원에게 보낸 이메일의 내용으로 무려 다섯 개의 느낌표가 쓰여 있다. 경제가 매우 어려운 환경 속에서도 알리바바는 2009년 임금인상을 실시하였고 2008년 연말상여금을 지급했다. 단, 부회장과 고위관리자들의 임금인상은 실시하지 않았다. 마윈은 이메일에서 어려울 때일수록 회사의 자원은 직원들과 나누어야 하며 위기감과 긴박감은 사내의 고위관리자들부터 갖추어야 한다고 말했다. 마윈은 직원들을 격려하는 동시에 다음과 같이 말했다.

"경제 환경이 어렵지만 연초에 세웠던 목표를 달성했으므로 우리는 직원들을 격려할 것입니다. 그러나 경제 환경이 좋아졌더라도 성과가 좋지 않았다면, 다른 기업에서 임금을 인상하고 상여금을 지급한다 해도 우리는 반대로 했을 것입니다."

마윈과 저커버그–중국 베이징 댜오위타이 국빈관에서 열린 중국 경제발전 고위급 포럼에 참석하여 저커버그와 이야기를 나누고 있는 마윈   ▷출처: 연합뉴스

글로벌 금융위기의 영향으로 많은 기업이 위기를 극복하지 못하고 파산했다. 일부 기업에서는 직원들의 월급을 제때에 주지 못했거나 직원들의 월급을 삭감하기도 했다. 이런 상황에서 마윈은 오히려 직원들의 월급을 인상시켜 주었고 연말상여금도 지급했다. 어려운 상황임에도 불구하고 마윈은 왜 이런 선택을 했을까? 그 원인은 다음과 같다.

첫째, 책임을 보여주기 위해서이다. 오늘날의 기업은 애초의 '경제인'이라는 개념에서 '사회인'으로 진화했다. 마윈은 개인의 인생을 위해 알리바바를 경영하는 것이 아니다. 알리바바를 통해 벌어들이는 돈보다 알리바바에 대한 책임과 사회적 책임을 먼저 생각하고 더 중요하게 생각한다. 그가 사회적 책임을 저버린다면 알리바바는 결국 이 사회에 의해 버려질 것이다. 마윈은 가장 어려울 때일수록 직원들에게 상여금을 지급함으로써 이런 책임을 지켰다.

둘째, 믿음을 보여주기 위해서이다. 어려울 때일수록 직원들이 회사에 대해 더욱 믿음을 가지도록 해야 한다. 마윈 혼자 기업을 지켜낼 수 없다. 전 사원이 믿음을 가지고 버텨야 큰 힘을

마윈, 역발상의 지혜

발휘할 수 있다. 다른 기업들이 금융위기로 사기가 떨어질 때 마윈은 전 직원을 더 챙겨줌으로써 기업에 대한 믿음을 굳게 하고 용기를 북돋워 주었다.

마지막으로 인재를 남겨두기 위해서이다. 푸른 산을 남겨두면 땔나무 걱정이 없다는 말이 있다. 기업은 어려운 상황에 놓일수록 인재가 필요하다. 인재를 남겨두려면 어떻게 해야 하는가? 첫째는 책임이고, 둘째는 믿음이며, 셋째는 복지이다. 마윈은 경제가 어려울 때 임금을 삭감하지 않고 오히려 인상시켜 줌으로써 직원들이 더 열심히 일할 수 있는 분위기를 만들었다. 이렇게 직원들이 열정을 불태워 일할 수 있는 분위기를 만들어 주어야 인재를 남길 수 있을 뿐만 아니라 더욱 우수한 인재들을 영입할 수 있다.

마윈은 위기를 기회로 삼고 더욱 역동적으로 움직이기 시작했다. 사내에서는 직원들의 급여를 올려주었고 대외적으로는 '중소기업 겨울나기 생존발전' 프로젝트를 시작했다. 그는 해외에서 3,000만 달러에 달하는 광고 비용을 들여 '중소기업을 위한 글로벌 바이어 찾기' 캠페인을 진행했다. 중소기업을 위한 '겨울나기' 프로젝트로 알리바바는 많은 고객에게 더욱 효율적인 홍보마케팅 솔루션을 제공해 주었다.

또한 알리바바는 150억에 달하는 '겨울나기' 프로젝트를 통해 알리바바의 이익을 낮추는 방식으로 중소기업의 수출을 추진했다. 알리바바의 CEO인 데이비드 웨이는 전 세계에서 중국처럼 제조업의 생산라인과 생태라인이 잘 갖추어진 나라는 없다고 말했다. 10년 내에 중국의 세계 최대 제조국가와 가장 규모가 큰 수출국이라는 위치는 변함없을 것이라고 예언했다. 아울러 위기는 잠시일 뿐, 알리바바는 중소기업을 위해 끊임없이 해외 판로를 찾는 일에 선두에 서겠다고 밝혔다.

사례 2 ● 그림자처럼 따라다니는 위기

오늘날 도시인들은 더 이상 퇴근 후에 주변의 쇼핑몰을 돌아다니지 않는다. 그들은 이미 온라인 쇼핑에 익숙해져 있다. 쇼핑몰 고객에 대한 조사 결과에 따르면 매일 약 900만 명의 사람들이 타오바오에서 쇼핑을 즐기고 있다. 월마트, 까르푸 같은 대형 매장의 일일 방문객 수는 약 1만 5천 명에 불과하다. 이것은 타오바오 하루의 방문객 수가 600개의 월마트 매장의 방문객 수와 같다는 것을 의미한다. 네티즌들은 인터넷 쇼핑을 통해 패션용품, 생활용품, 식품, 유아용품, 가전제품 등 다양한 제품을 구매한다. 일상생활을 하는 데 필요한 물품 중 인터넷 쇼핑을 통해 구매하는 물품의 수가 30퍼센트를 넘어서고 있다. 이러한 통계 자료를 분석한 경제전문가 우샤오보(吳晓波)는 "타오바오는 중국경제의 내수 생명력을 잘 보여주는 기업이다."라고 말했다.

그러나 타오바오가 성공적으로 이베이를 제치고 C2C 마켓의 보좌에 오른 후 중국의 또 다른 인터넷 거물들도 이 시장에 눈

● 치열한 싸움을 벌이고 있는 텅쉰과 알리바바

텅쉰은 중국 최대의 인터넷 콘텐츠 기업이다. 텅쉰이 만든 QQ는 중국에서 가장 인기 있는 무료 메신저이자 중국의 국민 메신저이다. 텅쉰(騰訊)은 텐센트의 중국어 이름으로 메신저와 관련성이 있다. 텅(騰)은 마화텅을, 쉰(訊)은 메시지를 뜻하기 때문이다. 이러한 텅쉰과 알리바바(阿里巴巴)는 중국의 온라인 시장을 둘러싸고 치열한 쟁탈전을 벌이고 있다.

독을 들이기 시작했다. 마윈은 금융위기를 맞아 직원들에게 상여금을 지급함으로써 사기를 북돋워 주면서 중국시장에 낯선 이베이를 쉽게 제칠 수 있었다. 그러나 중국시장에 대해 잘 알고 인터넷 사업에 대한 상당한 실력을 갖추고 있는 바이두와 텅쉰을 만났을 때 마윈은 사면초가의 위기를 느꼈다.

마윈은 리옌훙(바이두 창업주)의 C2C 분야의 확장에 대비하여 타오바오 사이트에 대한 바이두 검색을 차단했다. 검색엔진은 온라인 접속의 주요 경로지만 타오바오의 통계에 따르면 약 10퍼센트의 방문객만 검색을 통해 접속한다. 중국 검색엔진의 70퍼센트를 차지하고 있는 바이두를 차단한 기업은 아마 알리바바가 처음일 것이다.

타오바오가 바이두를 차단한 후 네티즌은 더 이상 바이두를 통해 타오바오의 상품을 검색할 수 없게 되었다. 이것이 타오바오에 어느 정도 영향을 미칠 수 있지만 절대적인 영향을 미치는 것은 아니었다. 타오바오는 그동안의 발전을 거쳐 이미 C2C 시장을 일부 장악했고 소비자들의 신뢰도 얻었다. 이것은 마치 오프라인 시장의 단골고객과 비슷하다. 80퍼센트의 온라인 고객들은 외부의 검색엔진을 사용하지 않는다. 검색엔진을 사용하더라도 주목적은 상품의 정보검색으로, 쇼핑이 목적이 아니다. 따라서 사실상 바이두에 대한 타오바오의 의존도는 거의 없다고 보아야 한다.

사례 3 ● 알리페이를 정부에 헌납할 수도 있다

2003년 5월, 타오바오 론칭 이후 같은 해 10월 18일 타오바오는 알리페이를 론칭하여 타오바오 사이트 내의 결제에 대한 신용서비스를 제공했다. 알리페이는 안전 결제라고 불리는 에스크로(escrow) 플랫폼으로 네티즌들에게 가장 일반적인 인터넷 결제 서비스가 되었다.

2004년 12월 8일, 타오바오에서 독립한 알리페이는 자체 운영 시스템을 갖추고 독자적인 에스크로 플랫폼으로 성장했다. 그러나 알리페이의 초창기는 매우 어려웠다고 한다. 당시만 해도 중국에는 에스크로 플랫폼이라는 개념이 없었기 때문에 새롭게 창업하는 것과 같았다. 알리페이의 금융합작부서의 거웅훠(葛勇荻)는 그 당시를 다음과 같이 회상했다.

● 안전한 거래, 에스크로 플랫폼

온라인상에서 물건을 구매할 때 소비자가 가장 원하는 것은 안전한 거래이다. 이 점에 주목한 알리페이는 안전한 결제 시스템을 구축하기 위해 노력했다. 알리페이의 시스템은 결제 직후부터 물품이 배송되는 기간 동안 구매 대금을 보유해 두었다가 구매자가 물건을 받고 확인한 뒤에 판매자에게 구매 대금을 전해주는 '에스크로 플랫폼' 서비스를 제공한다. 이러한 안전한 에스크로 플랫폼 서비스 덕분에 알리페이는 온라인 거래를 불안해하는 중국인들을 전자상거래 시장으로 끌어들이는 데 성공했다.

"5년 전 알리페이를 처음 만났을 때 저는 공상은행에서 일을 하고 있었어요. 그때 알리페이는 전화기 두 대를 놓고 서비스를 제공하였는데 그것이 알리페이에 대한 저의 첫인상이었어요."

그럼에도 불구하고 알리페이는 새로운 기회를 맞이하게 되었다. 2004년 전후로 중국의 각 은행에서는 인터넷뱅킹 서비스를 시작했지만 구체적인 업무 내용이 없었다. 이것이 알리페이에게 새로운 기회를 제공해주었다. 알리페이는 중국의 각 은행과의 합작을 시도했다. 당연히 상담 과정에 많은 어려움이 있었고 심

마윈, 역발상의 지혜

사도 까다로웠으며 때로는 시스템 자체를 바꾸어야 할 문제에 직면하기도 했다. 예를 들어 최신 전산시스템을 쓰고 있는 건설 은행과의 합작은 초기의 기획서 작성부터 서비스 출시까지 10개월이라는 긴 시간이 걸렸다.

알리페이는 2003년 10명의 직원으로 이루어진 타오바오 내 결제 시스템 서비스에서 알리바바 산하의 중요한 계열사로 자리매김했다. 현재 알리페이에는 1,300여 명의 직원이 있으며 2009년까지 6개의 국영은행과 13개의 상업은행 40여 개의 지역은행과 업무를 시작했다.

2012년 중국 내 인터넷 결제 비용은 2만억 위안을 넘겼다. 그중 신용결제 시스템의 선두주자인 알리페이는 자연스럽게 황금시대를 맞이하게 되었다. 알리페이는 수십만 명의 타오바오 고객을 바탕으로 46만 개의 외부 사이트를 위한 결제서비스를 제공하고 있고, 2억 명의 회원이 가입되어 있으며 이 회원들에게 항공 요금, 공과금 등 다양한 결제서비스를 제공하고 있다.

알리페이의 목표는 이베이 산하의 페이팔(Paypal) 서비스를 제치고 세계에서 가장 큰 에스크로 플랫폼으로 발돋움하는 것이다. 페이팔(Paypal)은 전 세계에 7,500만 명 회원을 보유하고 있고, 매초 2,000달러의 교역 성과를 냈으며, 2009년 연간 630억 달러의 교역액을 달성했다. 그러나 이 목표를 실현하기에 앞서 알리페이는 국가정책이라는 장애물에 부딪히게 된다. 마윈은 2009년 5월 공개적으로 "알리페이를 언제든 국가에 헌납할 준비가 되어 있다."라고 밝혔다.

사실 마윈은 초기부터 알리페이를 국가에 헌납하겠다는 생각을 해왔다. 실제로 2005년 관련 정책이 나오기 전부터 알리페이는 적극적으로 국가의 관련부처와 이야기를 나누었다. 2006년 6월에는 공상은행에서 알리페이에 대해 매월 추출검사 실시와 함께 〈고객교역보증금 신탁보고서〉라는 틀을 만들어주었다. 그때부터 마윈은 위기의식을 느끼고 있었다. 이렇듯 그는 늘 남보다 한발 앞서 생각하고 있었다.

마윈, 역발상의 지혜

7

가장 어려운 것은
자신에 대한 발상의 전환이다

가장 큰 적은 자신이다

마윈은 평범한 집안 출신의 사람이다. 영어를 잘하는 것 외에
는 특별한 능력이 없었기 때문에 그는 '빈 그릇' 정신을 가지고
있다. 합작과 경청에 익숙하며 현실에서 출발하고 상식을 존중
하며 객관적인 규칙을 어기지 않는다. 당연히 그가 제일 잘하는
것은 자신을 변화시키는 일이다.

성공을 이루는 과정에서 가장 큰 적은 개인적인 주관의지이
다. 이런 말이 있지 않은가? "만약 세상을 변화시킬 수 없다면
나 자신부터 변화시켜라."

마윈도 언제나 백전백승인 것은 아니었다. 십여 년 동안 성공보다 실패가 많았다.

"젊은 시절, 5년 동안의 교직생활을 하면서 저는 늘 회사에 출근하고 싶었습니다. 1992년 중국의 상업 환경이 좋아지자 저는 많은 면접을 보며 회사에 들어가려고 했지만 저를 원하는 회사가 없었습니다. KFC 총경리의 비서직에 면접을 본 적도 있었지만 전부 거절당했지요."

오늘날 우리가 본 마윈은 성공한 인물이다. 하지만 매번 새로운 결정을 내릴 때 그는 각 분야의 다양한 사람들의 의견을 주

● 알리바바의 매출 신기록

912억 위안, 우리나라 돈으로 약 16조 5,000억 원인 이 엄청난 돈은 알리바바가 단 하루 동안 달성한 매출이다. 2015년 11월 11일, 광군제를 맞아 독신자를 위한 할인 행사에서 세워진 신기록이다. 광군제는 1990년대 난징시의 학생들이 11월 11일이 독신을 상징하는 1이 4개나 되는 날이라는 점에서 '독신자의 날'이라는 뜻으로 붙인 이름이라고 한다. 광군제는 독신들을 위한 날이자 중국 최대의 온라인 쇼핑이 이루어지는 날로 중국판 블랙 프라이데이로 불린다.

마윈, 역발상의 지혜

의 깊게 듣는다. 물론 모든 사람이 반대하더라도 자신의 의견을 고집하기도 하지만, 이것은 마윈이 다른 사람의 의견을 존중하지 않아서가 아니다. 단지 마윈은 다른 사람의 의견을 들으면서 동전의 또 다른 면을 생각해보았기 때문이다. 마윈의 남다름이 여기에 있다고 할 수 있다.

마윈은 자신을 변화시키는 것을 두려워하지 않는다. 그는 농담으로 언젠가 은퇴하게 되면 〈알리바바와 천일의 실수〉라는 책을 만들어 보고 싶다고 이야기하기도 한다.

사례 1 ● 모든 것을 원점으로

마윈 역시 신이 아닌 사람이다. 그도 실수를 범할 때가 있다. 마윈은 경영에서의 실수는 어쩔 수 없는 것이며 그런 실수를 소중한 자산으로 생각하고 있다고 말한다.

알리바바의 창업 초기, 마윈은 매우 큰 정책상의 실수를 범한 적이 있다. 과도하게 국제화를 고집하고 해외 확장에 급급한 나머지 저지른 실수였다. 2000년 골드만삭스와 소프트뱅크에서 2,500만 달러를 투자 받은 후 마윈은 또다시 새로운 도전을 했다. 알리바바의 영역을 미국의 실리콘밸리와 한국, 런던, 홍콩에까지 확장한 것이다.

국제화에 발맞추기 위하여 알리바바는 영문사이트를 개설하여 국제적인 명성을 얻고 해외매체의 주목을 끌었다. 이것은 창업 초기 아무것도 없었던 알리바바에게 매우 중요한 시점이었다. 오랜 시간 동안 알리바바는 국내에서보다 해외에서 더 많이 알려졌다.

그러나 국제화는 양날의 검과 같았다. 너무 빨리 국제화를 실행한 알리바바는 큰 실수를 범하게 되었다. 국제화의 기준에 맞춰 알리바바는 본사를 홍콩으로 옮겼다(그 뒤 본사를 상하이로 옮겼다). 그리고 알리바바 홍콩 본사에 수십 명의 글로벌 고급관리 인재를 초빙했다. 알리바바는 미국 명문대학을 나온 인재들에게 인민폐로 6자리 이상의 연봉을 주기로 했다.

마윈은 인터넷기술의 기원이 미국이므로 최고의 인재는 실리콘밸리에 있다고 믿었다. 그래서 그는 알리바바의 세계적인 사이트를 구축하기 위해 서버와 기술 부문을 실리콘밸리로 옮겼다. 2000년 5월, 마윈은 야후의 '검색엔진의 왕'으로 불리는 우

마윈, 역발상의 지혜

중(吳炯)을 영입했다. 우중의 도움으로 알리바바 미국연구개발 센터는 실리콘밸리의 많은 인재들로 가득 찼다. 그때 미국센터의 직원 20명의 연봉이 항저우 본사 200명의 연봉을 합친 것보다 더 많아졌다. 또한 세계시장을 점령하기 위하여 알리바바는 홍콩, 미국에 이어 영국, 한국에 지사를 세웠으며 한국의 사이트는 영문 사이트와 한글 사이트를 동시에 오픈하기도 했다. 그렇게 알리바바는 전 세계를 향한 전면전을 시작했다. 그러나 알리바바는 그 당시 세계적인 실력을 갖춘 상태가 아니었다.

마윈과 알리바바의 고위층은 왜 이런 국제화를 무리하게 시도했을까? 2,500만 달러의 투자금에 과도하게 흥분했던 탓이었을까?

홍콩, 미국, 유럽, 한국 사이트의 매월 지출은 천문학적인 수치였던 것에 비해 수입은 전혀 없었다. 알리바바의 해외 확장은 2000년 2월에 시작하여 2001년 1월에 종결되었다. 일 년 동안 알리바바는 매월 100만 달러의 적자를 냈다.

2000년 인터넷 불황기를 겪은 후 알리바바의 통장에는 700만 달러만 남았을 뿐이었다. 이 돈은 당시의 지출로는 반년도 지탱하기 어려운 자금이었다.

2000년 1월 이전, 빈털터리 알리바바가 영입한 국제적인 인재 차이충신과 레이원차오(雷文超)는 마윈의 개인적인 매력과 알리바바의 이념에 매료되어 알리바바를 선택했다면 2000년 1월 이후, 부자 알리바바가 영입한 인재들은, 물론 위와 같은 이유도 있었겠지만 더 크게는 고액의 연봉 때문에 알리바바를 선택했다.

2000년 중순, 알리바바는 초호화 인재들을 모아 위풍당당하게 중국 내의 모든 사이트 위에 군림했지만 이를 위해 치른 대가는 어마어마했다. 2000년은 알리바바가 가장 철저하게 국제화를 이룬 한 해이다. 이 글로벌 인재들은 알리바바에 무엇을 남겨주었을까?

솔직히 글로벌 엘리트들이 알리바바에 남겨준 것은 분명히 있었을 것이다. 그러나 그와 동시에 대량의 글로벌 인재의 영입은 알리바바의 내부에 많은 문제를 가져다주었다. 문화 차이, 본토 시장에 대한 이해 부족, 역량발휘 미달 등······. 그중에서 가장 큰 문제는 인건비에 대한 부담이었다. 실제로 알리바바가

마윈, 역발상의 지혜

어렵게 얻어온 2,500만 달러의 벤처투자는 절반 이상이 글로벌 엘리트들의 월급으로 쓰였다. 매월 100만 달러 이상의 지출은 대부분 인건비로 사용되었다.

2000년 말, 3년간 지속된 인터넷 불황기가 닥쳐왔다. 2000년 4월 3일, 미국 나스닥 주식이 떨어지기 시작하였고, 연말이 되자 중국의 많은 사이트들이 파산을 선고했다. 2001년 초 알리바바 역시 자금이 끊어졌다.

마윈은 그때 비로소 '재량껏'이라는 단어의 뜻을 이해하게 되었다. 살아남기 위하여 알리바바는 비용을 줄이기 시작했다. 인원감축과 전면적인 절약모드가 불가피했다. 그러나 그런 결정 역시 쉽지 않은 일이었다.

"우리는 많은 실수를 범했습니다. 돈이 생기자 다른 기업과 마찬가지로 엘리트들을 영입했고, 외국인을 고용했고, 세계 500대 기업의 경영진을 모셔왔습니다. 많은 사람을 모셔놓고 어려운 순간이 되니 다들 나가라고 하는 것은 예의가 아니지요. 이것은 매우 고통스러운 일입니다. 마치 보잉 747의 엔진을 경운기에 달아놓은 것과 같았습니다. 경운기는 날지 않았을 뿐더러 오히려 더 큰 고장을 일으켰지요. 구조조정을 하지 않으면 알리바바는 끝장나게 됩니다."

당시 상황에 대한 마윈의 설명이다.

상황은 다급했다. 머뭇거리다가는 알리바바 역시 파산을 선고하는 사이트 중의 하나가 될 수밖에 없었다. 2001년 1월, 마윈은 주주총회를 열고 세 가지 'B to C', 정책, 즉 'Back to China (중국으로 돌아가자)', 'Back to Coast(연해도시로 돌아가자)', 'Back to Center(센터로 돌아가자)'를 발표했다. '연해도시로 돌아가자'는 업무의 중심을 다시 중국의 6개 연해도시에 두자, '센터로 돌아가자'는 다시 항저우로 돌아가자는 뜻이었다. 이 총회를 통해 항저우는 다시 알리바바의 본사가 되었다.

2001년 1월 말, 알리바바의 COO인 관밍성(關明生)은 구조조정의 총책임자로 알리바바 내부의 전쟁을 시작했다. 관밍성은 하루 사이에 미국 팀을 40명에서 3명으로 줄였고 홍콩, 베이징, 상하이 지사를 없앴다. 그리고 그는 남은 직원들의 연봉을 반으로 삭감하고 대신 지분을 배로 높여줄 것을 약속했다. 3개월 뒤 알리바바의 월 운영비용은 200만 달러에서 50만 달러로 줄었다.

이로써 알리바바는 다시 18개월을 버틸 수 있게 되었고 숨을 고를 시간을 벌었다.

마윈은 다음과 같이 당시를 회상한다.

"2000년, 우리는 미국의 실리콘밸리와 홍콩지역에서 매우 빠른 발전을 이루었습니다. 제 스스로도 감당하기가 어려울 정도였지요. 실리콘밸리의 동료들은 기술이 가장 중요하다고 했습니다. 실리콘밸리는 인터넷 분야의 최고봉을 의미하므로 실리콘밸리의 말은 다 맞다고 생각했습니다. 미국의 글로벌 500대 그룹에서 모셔온 홍콩의 CEO는 자본시장을 향해 발전해야 한다고 우겼습니다. 중국 안에 앉아 있던 우리는 누구의 말이 맞는지 알 수가 없었어요. 그때 처음으로 고민했죠. 기업이 커지고 사람이 많아지면 어떻게 관리해야 하는가? 2000년 말 첫 번째 구조조정은 우리의 정책적 실수에서 비롯된 것입니다. 어찌 보면 참으로 유치한 생각입니다. 영문 사이트이니까 미국에 서버가 있어야 한다고 생각했고 미국 사람이 중국 사람보다 영어를 잘한다고 생각했습니다. 미국에 사이트를 개설하고 나서야 우리의 잘못을 깨달았습니다. 미국의 실리콘밸리에는 기술인재들

뿐입니다. 우리는 뉴욕과 로스앤젤레스에서 무역인재들을 실리콘밸리에 파견하여 일하게 해야 했습니다. 이는 어마어마한 지출을 의미합니다. 반년이 지나서야 무엇인가 잘못됐다고 느꼈죠. 전 세계의 무역인재들을 실리콘밸리에 파견 근무시킬 수는 없습니다. 바로 지사의 문을 닫아 버렸습니다. 이것은 알리바바의 유일한 구조조정입니다. 우리는 알리바바에 남고 싶은 사람은 항저우로 돌아오라고 했습니다. 미국에서 돌아온 후 우리는 새로운 목표를 세웠지요."

마윈이 말을 이었다.

"미국에서 돌아온 후 사람은 줄었지만 우리가 사용하는 비용을 조절할 수 있었습니다. 우리는 한 푼을 쓰더라도 아껴 썼습니다. 우리의 홍보비용은 0위안이었습니다. 접대는 모두 개인 돈으로 해야 했고 나 자신도 가장 초라한 CEO로 변했습니다. 출장을 가도 3성급 이하의 호텔에만 묵었습니다. 우리는 돈으로 일하는 것이 아닌 머리로 일하는 법을 배웠습니다."

구조조정을 거친 후 마윈은 마음에 깊은 상처를 받았다. 마윈은 앞으로 회사의 모든 일거수일투족을 어떤 방식으로든 투자자들에게 알릴 것이라고 다짐했으며 가장 어려운 상황도 거짓없이 보여주겠다고 밝혔다. 마윈은 회사의 모든 개혁과 정책을 투자자들과 공유했으며 이를 통해 투자자들의 재신임을 얻었다.

네 번째 투자를 감행한 벤처기업가 루린치(汝林琪)는, 주주들은 알리바바를 어떻게 구해야 할지 몰랐지만 알리바바의 운영팀을 믿고 도와주기로 했다고 밝혔다.

구조조정을 마치고 주주들의 재신임을 얻은 후 알리바바는 내부경영 시스템을 바꾸기 시작했다. 2001년 4월에는 경영인재 트레이닝계획을 세워 성적이 좋지 않은 직원들은 도태시켰고 피라미드 밑 10퍼센트에 해당하는 직원들을 과감하게 해고했다. 같은 가치관과 치열한 전투력을 지닌 직원들만 남도록 했다.

2001년부터 2003년까지 알리바바는 가장 어려운 3년을 보냈다. 마윈은 사내에서 '마오쩌둥식'의 경영캠페인을 벌여 전 사원의 가치관을 통일하고 회사에 대한 사명감을 갖지 못한 직원들을 모두 그만두도록 했다. 또한 '항일군정대학(抗日軍政大學)' 시스템을 만들어 우수한 간부와 경영인재를 키워내기도 했다.

2001년부터 2003년까지는 중국 IT 업계 전반적으로 가장 힘든 3년이었다. IT 업계의 엄동설한과 같은 분위기 속에서 마윈은 여전히 인터넷에 대한 변함없는 믿음으로 알리바바의 경영을 추진해왔다.

사례 2 ● "이번에는 정말 스트레스입니다."

사실 마윈은 안하무인으로 유명하다. 2005년 그가 야후를 매입할 때 마윈과 알리바바는 또다시 구설수에 올랐다. 그러나 눈부신 스포트라이트를 받으며 마윈은 악몽을 꾸었다고 말한다.

야후를 매입한 후 알리바바는 수많은 사람의 시선을 한 몸에 받았다. 모두 야후차이나의 장밋빛 미래를 예상하며 마윈이 어떻게 세상을 놀라게 할지 기대했다. 그러나 마윈은 예상 외로 많은 스트레스를 받고 있었다.

"2005년, 저는 많은 꿈을 꾸었습니다. 꿈속에서 저는 늘 등산을 하고 있었는데 정상에 오른 후 내려올 수가 없었습니다. 저는 스트레스를 많이 받는 사람이 아닌데 한 해 동안 늘 이런 꿈을 꾸게 된 것이죠."

야후가 중국에서 연이어 실패를 경험한 후 제리 양은 완전히 포기모드에 들어갔다. 그 뒤로 그는 야후차이나를 통째로 마윈에게 넘겨 버렸다.

마윈과 제리 양은 오래된 사이이다. 야후가 중국에 처음으로 진출할 때 마윈은 야후의 광고를 맡았다. 그 뒤, 제리 양은 마윈에게 야후차이나의 CEO 자리를 제안했지만 마윈은 거절했다. 몇 년 후 마윈의 알리바바가 중국시장에서 이베이를 제칠 때 글로벌 시장에서 이베이와 경쟁 중이던 제리 양은 마윈을 떠올렸다.

2005년 4월, 제리 양은 마윈에게 이메일을 보냈다. '알리바바와 타오바오는 모두 우수한 사이트이다. 기회가 된다면 인터넷사업의 미래에 대해 이야기를 나누고 싶다.'라는 내용이었다. 3개월 뒤, 두 사람은 그들의 공동투자자인 소프트뱅크의 손정의의 주선으로 합작을 이루었다.

2005년 8월 11일, 야후는 6억4천만 달러의 자금과 야후차이나, 그리고 소프트뱅크에서 받은 타오바오의 지분으로 알리바바의 보통주를 40퍼센트 사들인다고 발표했다.

8월 18일, 알리바바의 부회장 진항지엔(金杭建)은 미래의 사업방향을 전자상거래와 검색엔진에 맞출 것이라며 야후의 2억5

천만 달러의 투자를 전부 전자상거래와 검색엔진에 투자한다고
밝혔다.

그러나 알리바바와 야후의 합병은 생각보다 어려웠다. 두 달
이 지나서야 마윈은 1단계의 합병을 마무리했다고 밝혔다. 마윈
은 알리바바 제국의 사 형제를 다음과 같이 설명한다.

"알리바바 그룹에서 큰형은 알리바바입니다. 그리고 이베이
의 진입을 막기 위해 만들어낸 것이 둘째 타오바오, 결제시스템
을 만들기 위해 구축한 것이 셋째 알리페이입니다. 그리고 현재
검색엔진 야후차이나가 넷째입니다."

2006년 9월 9일, 마윈은 제리 양과의 대화에서 야후차이나의
방향에 대해 감을 잡지 못하겠다고 솔직하게 말했다. 그는 야후
에게는 새로운 창조가 필요하며 전통적인 포털사이트나 검색엔
진이 아닌 무엇인가가 있어야 한다고 말했다. 그러나 구체적으
로 그것이 무엇이 될지는 앞으로 더 살펴봐야 한다고 말했다.

2008년 6월 4일, 야후는 더 이상 중국의 포털사이트 최고 자
리에 오르기 힘들다는 것을 받아들였다. 그 후 야후차이나는 마
윈의 부인 장잉이 만든 정보 사이트 '커우베이왕(口碑網)'과의 합

병을 거쳐 포털사이트의 세계에서 사라졌다. "야후를 3년 내에 국내 포털사이트의 최고 자리에 다시 올리겠다."라고 말했던 마윈의 호언장담은 우스갯소리로 남았다.

마윈은 중국에서 가장 유명한 기업인 가운데 한 사람이지만 사람들은 알리바바의 마윈만 기억한다. 어쩌면 마윈과 야후차이나는 근본적으로 달랐을지도 모른다. 더욱이 사람들은 알리바바와 야후의 관계조차 제대로 이해하지 못했다. 도대체 누가 누구를 병합했다는 것인가?

야후차이나는 타오바오와 다르다. 글로벌 야후의 관리와 제약이 있었기 때문에 마윈이 자신의 마음대로 움직일 수 없는 한

● 마윈의 평생 반려자, 장잉

마윈의 뒤에는 소리 없이 조용히 그를 도운 장잉이 있다. 마윈은 항저우대학교 시절 선후배 사이로 장잉을 처음 만났다. 마윈은 앞으로 나서지 않으면서도 품위 있는 장잉의 모습에 반했고 장잉은 진지하게 열중하는 마윈의 모습이 마음에 들었다. 두 사람은 대학교를 졸업한 뒤 결혼했다. 장잉은 마윈이 여러 차례 사업에 실패하고 좌절할 때마다 묵묵히 그를 격려하고 용기를 북돋워 주었다고 한다.

계가 있었다. 마윈은 야후차이나가 단순한 검색엔진으로 알리바바의 전체 라인에 도움을 주기를 바랐지만, 야후는 단순한 검색엔진이 아닌 홍보매체의 성격이 더 강했던 것이다.

처음에 마윈은 야후차이나를 단순한 검색페이지로 만들었다. 하지만 글로벌 야후의 반대로 다시 원래 형태로 돌아왔다. 이렇듯 여러 번의 반복된 개정을 거치면서 야후차이나의 성격이 점점 희미해지기 시작한 것이다.

알리바바의 온라인대회에서 마윈은 야후차이나에 대해 이렇게 말했다.

"야후차이나는 중병환자와 같았습니다. 수술대와 수술이 필요했고, 저는 그의 주치의였습니다."

하지만 문제는 여러 가지였다. 야후차이나가 정말 중병환자인가? 그의 병은 무엇인가? 주치의인 마윈은 그 치료방안을 알고 있었는가?

야후차이나가 마윈에게 넘어왔을 때 야후가 중병환자라고 말하기는 어렵다. 당시 야후차이나는 광고 등 다양한 분야에서 돈을 벌어들이고 있었다. 특별한 수술을 거치지 않고 관리 유지만 잘해도 해마다 3~4억의 수입이 생길 수 있었다. 그래서 기업으로서의 능력만 가지고 판단할 때 야후차이나는 환자가 아닌 사춘기의 '젊은이'였다. 그러나 이런 야후차이나를 환자로 취급한 것은 마윈의 잘못된 판단이다.

그렇다고 해서 야후차이나가 결점이 없었던 것은 아니다. 야후는 세계적으로 가장 위대한 인터넷 브랜드에서 중국의 아류 포털사이트로 전락했다. 마윈이 야후차이나를 넘겨받은 후 현재의 상황을 유지하면서 마윈이 잘하는 '띄우기 마케팅'만 잘했다면 야후차이나의 브랜드 상승의 여지는 충분히 있었다.

그러나 주치의 마윈은 야후차이나에 대해 적절한 치료방안을 제시하지 않고 몇 번에 걸친 성형수술만 진행했다. 마윈은 바이두가 검색엔진 시장에서 이룬 성공을 보고 야후차이나의 콘텐츠를 빼버리고 '야후는 검색, 검색은 야후'라는 광고 문구를 내세웠다. 결과는 좋지 않았다. 검색엔진 시장에서 큰 반응을 얻지 못했던 것이다. 이에 마윈이 다시 야후차이나를 포털사이트로 바꾸었을 때 야후차이나는 이도 저도 아닌 꼴이 되어버렸다.

어느 인터뷰에서 한 기자가 마윈에게 야후차이나에 대한 앞으로의 계획에 대해 물었을 때 마윈은 아직 모른다고 대답했다. 마윈은 반복적인 '다이어트'를 통해 야후의 '돈을 벌어들이는' 업무들을 모두 버렸고 그를 다시 살리는 방법에 대해서는 뾰족한 수를 생각해내지 못했다. 사실 마윈이 야후차이나를 검색엔진으로 만들고 싶었던 것은 알리바바의 전자상거래 업무와 야후의 검색 업무를 패키지화하여 중국의 구글을 만들고 싶었던 마음 때문이었다.

야후차이나에 대한 합병이 성공적이지 않았다면 마윈이 알리바바에 대한 통제를 어디까지 할 수 있는가에 대해 질문해 보아야 한다. 알리바바와 야후의 합병은 야후와 이베이의 합병 이후 더욱 많은 의심을 받고 있다.

알리바바의 창업 초기 마윈은 다음과 같이 말했다.

"회사를 설립하고 제가 세운 원칙 중의 하나가 누군가 자본으로 회사를 휘두르는 것을 용납하지 않는다는 것입니다."

마윈은 합병과 관련된 외부의 의혹에 대해 다음과 같이 덧붙였다.

"자본은 우수한 기업을 따라 다닙니다. 기업가가 자본을 따라

다니는 것이 아닙니다."

외부에 알려진 야후와 알리바바의 합병 서류를 살펴보면, 비록 야후가 마윈에 대해 많은 제약조건을 걸어두었지만, 마윈 역시 많은 제약조건을 통해 알리바바에서의 확고한 입지를 지키고 있었다. 알리바바에는 아직 50퍼센트 이상의 지분을 가진 주주가 없으며 주식 1주만 가지고 있더라도 총회에 참석할 수 있는 자격이 주어진다.

오늘날까지 마윈은 성공적인 인물이다. 그러나 미래에는 어떨까? 그 누구도 미래에 닥칠 위기를 모른다. 집행력이 강할수록 더욱 큰 실수를 범할 수 있다. 마윈이 실수를 범하지 않을까? 알리바바가 다시 위기에 처할 수 있지 않을까?

다행인 것은 마윈은 아직까지 성공한 인물이고 그는 늘 위기의식을 갖고 있으며 다른 사람의 말을 경청하고 있다. 그러나 만약 그가 실패한다면 다시 일어설 수 있을지에 대해서는 누구도 대답하기 어렵다.